Saskia Abel

Kleine Taschen

20 Nähprojekte, hübsch & praktisch

OZcreativ

Liebe Leserin,

wer von Ihnen kennt es nicht, das Chaos in der Handtasche, das Frau auf der Suche nach dem Haustür- oder Autoschlüssel manchmal schier verzweifeln lässt? Dieses Buch ist aus der Idee heraus entstanden, mit vielen kleinen Helfern Abhilfe zu schaffen und das Taschenleben fröhlicher und bunter zu gestalten.

Neben unverzichtbaren Gegenständen wie dem Schlüsselanhänger oder der Smartphone-Tasche finden Sie in diesem Buch auch einen praktischen Taschenorganizer, eine schöne Schminktasche, ein Zigarettenetui, eine eReader-Hülle u. v. m.
Jedes Modell eignet sich nicht nur für die eigene Tasche, sondern ist ein perfektes Geburtstags- oder Weihnachtsgeschenk für die beste Freundin, Mutter oder liebe Kollegin. Auch die weniger aufwendigen Stücke schaffen als hübsches und persönliches Mitbringsel sicher einen bleibenden Eindruck bei der Beschenkten.

So wünsche ich Ihnen viel Freude beim Nachnähen und Umsetzen eigener Ideen und viel Spaß beim Ordnen des eigenen Taschenlebens oder Verschenken der Täschchen.

Ihre

Inhalt

Schwierigkeitsgrade der Modelle

● = einfach

● ● = aufwendig

● ● ● = sehr aufwendig

Zauberhaft und elegant

Brillenetui · 8 x 19 cm · Vorlage 1 · Schwierigkeitsgrad ● ●

Frühling, Sommer, Sonnenbrille! Dieses hübsche Etui ist ein echter Eye-Catcher. Mit ihm werden Sie garantiert begehrliche Blicke auf sich ziehen.

Material

Angaben in Höhe x Breite

- A: Stoff mit Tulpenmotiv (Vorder-/Rückteil), 15 x 50 cm
- B: gestreifter Stoff (Futter), 15 x 50 cm
- C: mittelstarkes, aufbügelbares Volumenvlies, 15 x 50 cm
- 1 Brillenetui-Bügel, 5 x 17 cm (2 x 7 inches)
- Nähgarn in Weiß
- Textilkleber
- Zange und Filz oder Stoff

Zuschneiden

Vorlage inkl. 0,5 cm Nahtzugabe.

- A: 2-mal Vorlage 1
- B: 2-mal Vorlage 1
- C: 2-mal Vorlage 1

Hinweis

Die Nahtzugabe von 0,5 cm unbedingt einhalten, damit das Etui in den Bügel passt.

So wird's gemacht

Die beiden Stoffe A mit der linken Seite auf die Vliese C bügeln. Die Stoffe A rechts auf rechts legen und die Unterkante zwischen den Markierungen * (siehe Vorlage) schließen. Für Stoff B wiederholen, jedoch an der Unterkante eine Wendeöffnung von 8 cm frei lassen.

Stoff A und Stoff B rechts auf rechts ineinanderstecken, die Oberkanten bündig ausrichten und ringsum zusammennähen. Das Etui auf rechts wenden, an den Oberkanten gut bügeln und so knappkantig wie möglich absteppen.

Den Textilkleber in den hinteren Teil des Bügels tropfen. Nicht zu viel Kleber verwenden, da er sonst herausquillt und den Stoff verschmutzt. Die Rückseite des Etuis, in der Mitte beginnend, in den Bügel schieben. Dazu am besten eine Gabel oder etwas ähnlich Flaches und Stumpfes verwenden.

Die unteren beiden Enden des Bügels mit einer Zange auf dem Stoff festdrücken. Dabei unbedingt ein Stück Filz oder Stoff zwischen Zange und Metall legen, da der Bügel sonst verkratzt. Nicht zu stark drücken, sonst bekommt das Metall Dellen. Prüfen, ob sowohl Stoff A als auch B gut im Rahmen sitzen.

Für die Vorderseite wiederholen. Das Etui 24 Stunden geöffnet liegen lassen. Klebereste auf dem Bügel sofort mit etwas Wasser und einem Stoffstück abrubbeln. Sie lassen sich sonst später nicht mehr entfernen.

Für Lieblingsideen

Dieser niedliche Buchumschlag macht aus jedem langweiligen Notizbuch einen farbenfrohen Hingucker. Und der Kugelschreiber ist dank der aufgenähten Halterung immer griffbereit.

Material

Angaben in Höhe x Breite

- A: Stoff mit Matrjoschka-Motiv (Vorder-/Rückteil), 18 x 35 cm
- B: Stoff in Altrosa (Futter), 18 x 35 cm
- Gummiband in Grün, 1 cm breit, ca. 37 cm

Zuschneiden

Maße inkl. 0,5 cm Nahtzugabe.

- A: 1 Rechteck von 15 x 30 cm
- B: 1 Rechteck von 15 x 30 cm

Hinweis

Die Angaben passen für ein 18 mm dickes DIN-A6-Notizbuch. Bei abweichendem Maß müssen die Zentimeter-Angaben angepasst werden. Dazu das Buch auf den Stoff legen und einschlagen. Der Einschlag sollte 5 cm betragen + insgesamt 1 cm Nahtzugabe und je 0,5 cm Nahtzugabe zum Absteppen.

So wird's gemacht

Stoff A mit der rechten Seite nach oben hinlegen, die kurzen Kanten sind die Seitenkanten. Vom Gummiband ein ca. 18,5 cm langes Stück abschneiden und mit einem Abstand von 7,5 cm von der linken Seitenkante an Ober- und Unterkante festnähen. Das Gummi sollte jeweils ca. 1 cm über den Rand hinausragen. Für die Kulihalterung 15 cm Gummiband zuschneiden und zur Hälfte legen. An der linken Seitenkante von Stoff A auf der rechten Stoffseite mittig feststecken, dabei soll die Schlaufe des Gummis ca. 0,5 cm über die geplante Einschlagkante hinausragen. Das doppelt liegende Gummiband ringsum festnähen, jedoch 1,5 cm der Schlaufe aussparen (um den Kuli hineinzustecken). Die kurze Naht vor der Schlaufe 3-fach nähen.

Stoff A und B rechts auf rechts bündig aufeinander feststecken und ringsum bis auf eine Wendeöffnung von ca. 5 cm an der Unterkante frei lassen. Den Umschlag auf rechts wenden, die Ecken vorsichtig herausarbeiten und bügeln. Die Nahtzugaben der Wendeöffnung nach innen stülpen und feststecken.

Den Umschlag an der linken Seitenkante 4,75 cm und an der rechten Seitenkante 4,75 cm nach innen einschlagen und feststecken. Überprüfen, ob das Buch hineinpasst. Der Umschlag muss an den Seitenkanten noch etwas Luft haben. Anschließend den Umschlag knappkantig ringsherum absteppen, dadurch wird auch die Wendeöffnung verschlossen. Die Einschlagstellen 3-fach nähen. Darauf achten, dass das Verschlussgummi auf der Rückseite liegt und die Kulihalterung nicht abgesteppt wird.

Hübsch versteckt

Zigarettenetui · 10 x 7 cm · Vorlagen 2a–b · Schwierigkeitsgrad ● ●

Nun ist endlich Schluss mit dem Anblick freudloser Zigaretten-Verpackungen! Mit diesem witzigen und originellen Etui ist das Laster gut getarnt.

Material

Angaben in Höhe x Breite

- A: Stoff mit Fuchsmotiv (Vorder-/Rückteil, Klappe), 35 x 15 cm
- B: roter Stoff mit weißen Punkten (Futter, Vorder-/Rückteil, Klappe), 35 x 15 cm
- C: mitteldickes, aufbügelbares Volumenvlies, 35 x 15 cm
- 1 Metallbügel für Zigarettenetui, 7 x 10 cm
- Textilkleber
- Nähgarn in Hellblau und Rot

Zuschneiden

Vorlagen inkl. 0,4 cm Nahtzugabe.

- A: je 1-mal Vorlage 2a und 2b
- B: je 1-mal Vorlage 2a und 2b
- C: je 1-mal Vorlage 2a und 2b

Hinweis

Die Nahtzugabe von 0,4 cm unbedingt einhalten, damit der Bügel passt.

So wird's gemacht

Stoff A/2b mit der linken Seite auf die Klebeseite von Vlies C/2b bügeln. Stoff B/2b rechts auf rechts auf Stoff A/2b legen und bis auf die Oberkante ringsum mit einer Nahtzugabe von 0,4 cm zusammennähen. Die Klappe auf rechts wenden, die Ecken herausarbeiten, bügeln und knappkantig absteppen.

Stoff A/2a mit der linken Seite auf die Klebeseite von Vlies C/2a bügeln. Stoff B/2a quer zur Hälfte falten und an der Bruchkante aufschneiden (= Vorder- und Rückteil).

Stoff B/2a rechts auf rechts auf Stoff A/2a legen und die Oberkante zwischen den Markierungen (*) von links nach rechts schließen. Die innenliegenden Kanten bis kurz vor die Naht schräg beschneiden, die Ecken der Einbuchtung möglichst weit einschneiden. Vorsicht, dass die Nähte nicht beschädigt werden!

Die Klappe rechts auf rechts mittig und bündig an der Oberkante des Rückteils von Stoff A/2a ausrichten, Stoff B/2a (Rückteil) rechts auf rechts auflegen und die Stofflagen mit einem Abstand von 0,4 cm vom Rand zusammennähen. Die Stoffe auseinanderfalten, sodass Futter und Klappe rechts liegen. Stoff A, der links liegt, an der Oberkante knappkantig absteppen.

Nun die Seitenkanten des Etuis mit einer Nahtzugabe von 0,4 cm schließen. Dafür zunächst die Seiten bündig aufeinander feststecken. Das ist etwas kniffelig. Die Übergänge von Außenstoff zu Futterstoff dürfen nicht übernäht werden!

Die Ecknähte schließen, dazu die Seitennaht mittig auf dem unteren Stoffteil platzieren. Für das Futter wiederholen, jedoch an der Unterkante eine Wendeöffnung von ca. 5 cm frei lassen. Auf rechts wenden. Die Ecken der vorderen Ausbuchtung vorsichtig herausarbeiten und den oberen Bereich gut bügeln. Die Nahtzugabe der Wendeöffnung nach innen stülpen, die offene Naht mit der Maschine schließen und das Futter nach innen stecken.

Den Metallbügel in das Etui stecken. Den Textilkleber in den Bügel tropfen und die Unterkante der Klappe (ggf. mithilfe einer Gabel) hineinschieben. Den Kleber 24 Stunden trocknen lassen.

Aufgehübscht

Schminktäschchen · 10,5 x 19 cm · Vorlagen 3a–b · Schwierigkeitsgrad ● ● ●

Dieses formschöne Täschchen bietet aufgrund seines Schnittes ordentlich Platz für alles, was Frau unterwegs so braucht: Puder, Make-up, Lippenstift, Kajal und vieles mehr.

Material

Angaben in Höhe x Breite

- A: roter Stoff mit weißen Punkten (Vorder-/Rückteil), 20 x 55 cm
- B: Stoff mit Erdbeermotiv (Klappe), 12 x 25 cm
- C: rosa Stoff mit rosafarbenen Punkten (Futter), 20 x 75 cm
- D: dickes, flauschiges Volumenvlies, 20 x 55 cm
- E: leichte Bügeleinlage, 12 x 25 cm
- 1 Druckknopf, ø 10 mm
- Schrägband, 18 mm breit, 15 cm
- 1 überziehbarer Knopf, ø 15–19 mm
- Zackenlitze in Weiß, 50 cm
- Nähgarn in Rosa und Rot

So wird's gemacht

Den Knopf laut Herstellerangaben mit Stoff beziehen. Für die Klappe Einlage E auf die linke Seite von Stoff B bügeln. Zackenlitze mit der Außenkante bündig an die Unterkante von Stoff B legen und knappkantig festnähen.

Nähfuß- und Nadelposition so festlegen, dass nach dem Absteppen nur noch der untere Teil der Zackenlitze zu sehen ist. Stoff C/3b rechts auf rechts auf Stoff B legen und bis auf die Oberkante zusammennähen. Auf rechts wenden, bügeln und knappkantig absteppen.

Für die Knopfschlaufe das Schrägband an der Stoffbruchkante falten. So zusammenlegen, dass die offenen Kanten außen liegen und in der Mitte unten ein Dreieck entsteht. Feststecken und das Schrägband an den Außenkanten knappkantig absteppen.

Zuschneiden

Vorlagen inkl. 0,5 cm Nahtzugabe.

- A: 2-mal Vorlage 3a
- B: 1-mal Vorlage 3b
- C: 2-mal Vorlage 3a, 1-mal Vorlage 3b
- D: 2-mal Vorlage 3a
- E: 1-mal Vorlage 3b

Für die Tasche die Stoffe A jeweils auf die Vliese D legen und an der Oberkante mit Zickzackstich zusammennähen. Stoff C rechts auf rechts auf das Vorderteil (A) legen und die Oberkante knappkantig absteppen. Danach die Stoffe aufklappen und das Vorderteil an der Oberkante knappkantig absteppen.

Die Knopfschlaufe rechts auf rechts und mittig auf der Oberkante des Rückteils (A) festnähen (siehe Foto). Sie liegt dabei ca. 4–4,5 cm auf dem Stoff, die offenen Enden liegen an der Oberkante.

Die Klappe rechts auf rechts und mittig auf der Oberkante des Rückteils feststecken. Abschließend Stoff C rechts auf rechts auf die beiden anderen Lagen legen und zusammennähen. Die Stoffe aufklappen und das Rückteil an der Oberkante knappkantig absteppen.

Vorder- und Rückteil rechts auf rechts aufeinanderstecken, dabei auch die Nähte bündig aufeinander ausrichten. Die Unterkante knappkantig zusammennähen. Die Seitenkanten bis zum Beginn des Futterstoffes schließen. Die Bodenecken nähen, dafür die jeweilige Seitennaht auf der Bodennaht ausrichten und die Öffnung zusammennähen. Das Futter auf die gleiche Weise nähen, jedoch an der Unterkante eine Wendeöffnung von ca. 10 cm frei lassen.

Die Schminktasche auf rechts wenden und die Ecken herausarbeiten. Die Nahtzugaben der Wendeöffnung nach innen stülpen, die Öffnung mit der Maschine schließen und das Futter nach innen stecken.

Den Knopf annähen. Dazu die exakte Mitte der Breite des Vorderteils festlegen und mit einer Stecknadel markieren. Verschluss auf das Vorderteil klappen, die exakte Knopfposition ermitteln, den Knopf annähen. Abschließend den Druckknopf einschlagen, und zwar auf der Klappe mittig ca. 0,7 cm oberhalb der Unterkante, auf dem Vorderteil mittig ca. 5 cm unterhalb der Oberkante.

Pfiffig kombiniert

2in1 Handytasche & Geldbörse · 10 x 18 cm · Vorlagen 4a–c · Schwierigkeitsgrad ● ● ●

Superpraktisch und kompakt: Hier finden Handy, Kleingeld, Kreditkarte und Scheine in einem Täschchen Platz.

Material

Angaben in Höhe x Breite

- A: Stoff mit Pinguinmotiv (Klappe), 12 x 25 cm
- B: schwarzer Stoff mit weißen Punkten (Reißverschlussfach/Rückteil), 50 x 20 cm
- C: schwarzer Stoff mit weißen Blumen (Scheinfach), 20 x 25 cm
- D: schwarzer Stoff (Tasche/Futter), 40 x 25 cm
- E: gelber Stoff mit weißen Punkten (Futter Reißverschlussfach), 25 x 30 cm
- F: dickes, flauschiges Volumenvlies, 30 x 25 cm
- G: leichte Bügeleinlage, 11 x 25 cm
- 1 Reißverschluss in Schwarz, 15 cm
- 1 Öse, ø 5 mm
- Gummikordel in Grün, ø 2 mm, 45 cm
- Paspelband in Grün mit weißen Punkten, 40 cm
- Wachstuch, Filz o. Ä., 4 x 4 cm
- Nähgarn in Schwarz und Weiß

So wird's gemacht

Einlage G auf die Rückseite von Stoff A bügeln. Paspelband kantenbündig auf die rechte Seite von Stoff A an die gerundete Kante legen und aufnähen. Überprüfen, welche Stellung Nähfuß und -nadel haben müssen, damit später nur die Paspel zu sehen ist. Stoff B/4a rechts auf rechts auf Stoff A legen und an der Außenkante entlang festnähen. Dabei bleibt die Oberkante offen. Auf rechts wenden, bügeln und knappkantig absteppen.

Für das Reißverschlussfach Stoff B/d mit der rechte Seite nach oben legen, den Reißverschluss rechts auf rechts (die Unterseite des Reißverschlusses liegt also oben, der Zipper soll sich links befinden) bündig und mittig an der Oberkante feststecken, an den Seitenkanten bleibt Stoff übrig. Stoff E/d rechts auf rechts bündig auf Stoff B/d und den Reißverschluss stecken. Die beiden Lagen und den Reißverschluss mit dem Reißverschlussnähfuß festnähen. Die Stoffteile gut bügeln und die Kante am Reißverschluss knappkantig absteppen.

Stoff B/e an der anderen Reißverschlussseite rechts auf rechts bündig feststecken. Stoff E/e rechts auf rechts auf den bereits festgenähten Stoff E legen, mit Stoff B/e und dem Reißverschluss zusammenstecken und festnähen. Die Teile auf rechts wenden, bügeln und die zweite Kante absteppen. Beiseite legen.

Stoff C im Stoffbruch links auf links falten, bügeln und an der Oberkante knappkantig absteppen. Einen Stoff D/4b und einen Stoff B/4b jeweils auf ein Vlies F legen und an der Oberkante mit Zickzackstich zusammennähen.

Das Reißverschlussfach (B) auf dem Scheinfach (C/4c) festnähen. Dazu das Reißverschlussfach so bügeln, dass oberhalb des Reißverschlusses 0,5 cm Stoff überstehen. Das Reißverschlussfach mit einem Abstand von 1 cm zur Oberkante des

Zuschneiden

Maße und Vorlagen inkl. 0,5 cm Nahtzugabe.

- A: 1-mal Vorlage 4a
- B: je 1-mal Vorlage 4a und 4b, 1 Rechteck d von 9,3 x 23 cm (Geldfach Vorderseite), 1 Rechteck e von 11,6 x 23 cm (Geldfach Rückseite)
- C: 1-mal Vorlage 4c
- D: 3-mal Vorlage 4b
- E: 1 Rechteck d von 9,3 x 23 cm, 1 Rechteck e von 11,6 x 23 cm
- F: 2-mal Vorlage 4b
- G: 1-mal Vorlage 4a

Scheinfaches darauflegen. Dabei darauf achten, dass die Reißverschlussenden bündig mit den Seitenkanten des Scheinfachs sind. Festecken, umdrehen und das Reißverschlussfach auf die Form des Scheinfaches zurückschneiden. Das Reißverschlussfach an den Seiten- und der Unterkante knappkantig auf dem Scheinfach festnähen, die Oberkante bleibt offen.

Nun die Oberkante für das Kreditkartenfach präparieren. Dazu die Oberkante des Reißverschlussfaches an beiden Seiten ca. 3 cm von den Seitenkanten nach innen auf dem Scheinfach festnähen. Die Kreditkarte in das Fach stecken. Das Vorderteil des Reißverschlussfaches (B/E) anheben und die Unterkante der Karte auf dem Rückteil des Reißverschlussfaches (E/B) mit einer Nadel markieren. Auf Stoff E und B des Rückteils auf Länge der Kreditkarte eine Naht setzen. Die Fächerkombination mit der Unterkante bündig auf Stoff D/4b (mit F) festnähen.

Den zweiten Stoff D/4b rechts auf rechts auf das fertiggestellte Taschenteil legen und an der Oberkante zusammennähen. Die Stoffe aufklappen und den Taschenteil an der Oberkante knappkantig absteppen.

Die Klappe des Täschchens rechts auf rechts mittig und bündig auf Stoff B/4b (mit F) platzieren und den verbliebenen Stoff D/4b rechts auf rechts darüberlegen. Festecken und alle Lagen festnähen. Die Stoffe so auseinanderfalten, dass Klappe und Futterstoff rechts, das Rückteil der Tasche links liegen. Das Rückteil an der Oberkante knappkantig absteppen.

Das Vorder- und Rückteil rechts auf rechts zusammenstecken, dabei darauf achten, dass alle Kanten exakt aufeinanderliegen. Den Futterstoff an den Seitenkanten und der Unterkante ebenfalls zusammenstecken.

Das Täschchen mittig an der Unterkante zu schließen beginnen. Bis an das Ende des Außenstoffes nähen und für die andere Seite wiederholen. Den Futterstoff auf die gleiche Weise schließen, jedoch an der Unterkante eine Wendeöffnung von ca. 8 cm frei lassen und darauf achten, dass die Klappe nicht mit festgenäht wird. Die Tasche auf rechts wenden und die Wendeöffnung schließen.

Die Mitte der Klappe markieren und ca. 1 cm oberhalb der Unterkante die Öse laut Herstellerangaben anbringen. Die Gummikordel durch die Öse führen und die Länge bestimmen. Für das Kordel-Ende einen Überzug nähen, dafür 4 x 4 cm Wachstuch, Filz oder Ähnliches in der Mitte falten. Die rechte Seitenkante absteppen, die Gummikordel hineinschieben und die linke Seitenkante bündig schließen. Abschließend eine waagerechte Naht über den Überzug nähen, sodass auch die Kordel festgenäht wird. Den Rest des Stoffes abschneiden.

Kleiner Ordnungshüter

Taschenorganizer · 16 cm x 22,5 cm x 7,5 cm · Vorlagen 5a–b · Schwierigkeitsgrad ● ● ●

Mal wieder auf der Suche nach dem Haustürschlüssel oder den Taschentüchern? Damit ist jetzt Schluss, denn dieser hübsche Organizer bringt endlich Ordnung ins Taschenchaos.

Material

Angaben in Höhe x Breite

- A: rot-weißer Stoff (Tasche), 50 x 70 cm
- B: grün-weißer Stoff (Außentasche), 70 x 70 cm
- C: blauer Stoff mit weißen Punkten (Futter), 50 x 70 cm
- D: mitteldickes aufbügelbares Volumenvlies, 50 x 70 cm
- 1 Magnetknopf, ø 20 mm
- 1 Karabiner, 15 mm
- Schrägband in Blau mit weißen Punkten 18 mm breit, 2 Stücke von 25 cm
- Rest Bügeleinlage
- Nähgarn in Rot, Hellgrün und Blau

Zuschneiden

Maß und Vorlagen inkl. 0,5 cm Nahtzugabe.

- A: 2-mal Vorlage 5a
- B: 2-mal Vorlage 5b
- C: 2-mal Vorlage 5a, 1 Streifen c von 16,5 x 4 cm
- D: 2-mal Vorlage 5a

So wird's gemacht

Das Schrägband jeweils um die Stoffbruchkante der Stoffe B festnähen. Die Stoffe A rechts auf rechts auf die Klebeseite des jeweiligen Vlieses D bügeln. Stoffe B auf Stoffe A legen und bis auf die Oberkante knappkantig zusammennähen. Die einzelnen Fächer auf Stoff B absteppen: auf dem Rückteil in der Mitte, auf der Vorderseite (beginnend mit 2 cm Abstand von der rechten Seitenkante) 3,5 cm, 9 cm, 7 cm und 3 cm.

Den Magnetknopf auf den Stoffen C/5a mit einem Abstand von 3 cm von der Oberkante laut Herstellerangaben anbringen. Auf der linken Stoffseite einen Rest Bügeleinlage zur Verstärkung aufbügeln.

Für das Karabinerband Streifen C/c quer rechts auf rechts falten und ringsum bis auf eine Wendeöffnung knappkantig zusammennähen. Auf rechts wenden, bügeln und ringsum knappkantig absteppen, durch den Karabiner stecken und zur Hälfte falten. Auf einen Stoff C/5a legen (die Enden zeigen zur Stoffkante) und ca. 3 cm von der rechten Seitenkante mit einer Hilfsnaht knappkantig an der Oberkante festnähen, dabei etwa 0,5 cm überstehen lassen.

Stoffe C/5a jeweils rechts auf rechts auf Vorder- und Rückteil des Organizers legen und knappkantig zusammennähen, dabei darauf achten, dass Stoff C mit Karabiner mit dem Rückteil zusammengenäht wird. Das Karabinerband zur Verstärkung ca. 0,5 cm von der Oberkante auf Stoff C festnähen.

Vorder- und Rückteil rechts auf rechts bündig aufeinander feststecken. Die Unterkante des Organizers knappkantig zusammennähen. Die Seitenkanten bis zum Beginn des Futterstoffes schließen. Die Bodenecken nähen, dafür die jeweilige Seitennaht auf der Bodennaht ausrichten und die Öffnung zusammennähen. Das Futter auf die gleiche Weise verschließen, jedoch an der Unterkante eine Wendeöffnung von ca. 10 cm frei lassen.

Den Organizer auf rechts wenden und die Ecken herausarbeiten. Die Nahtzugabe der Wendeöffnung nach innen stülpen und die Öffnung mit der Maschine schließen. Abschließend die Oberkante ringsum knappkantig absteppen.

Diskrete Begleiter

Tampon- und Slipeinlagen-Täschchen · 7 x 7 cm und 18 x 8,5 cm · Schwierigkeitsgrad ●

Für alle Fälle gerüstet: Diese kleinen Begleiter sind hübsch, praktisch und vor allem diskret. Sie passen ganz unauffällig in jede Handtasche.

Material

Angaben in Höhe x Breite

Für das Tampon-Täschchen

- A: Stoff mit Sternenmotiv (Vorder- und Rückteil), 20 x 20 cm
- B: grüner Stoff mit weißen Punkten (Futter), 15 x10 cm
- C: mitteldickes, aufbügelbares Volumenvlies, 15 x 10 cm
- Klettverschluss in Weiß, 4 cm
- Nähgarn in Weiß

Für das Slipeinlagen-Täschchen

- A: grüner Stoff mit Herzranken (Vorder- und Rückteil), 40 x 25 cm
- B: grüner Stoff (Futter), 30 x 12 cm
- Klettverschluss in Braun, 4 cm
- Nähgarn in Grün und Braun

Zuschneiden

Maße inkl. 0,5 cm Nahtzugabe.

Für das Tampon-Täschchen

- A: 1 Rechteck a von 15 x 8,5 cm, 1 Rechteck b von 14 x 8,5 cm
- B: 1 Rechteck b von 14 x 8,5 cm
- C: 1 Rechteck b von 14 x 8,5 cm, 1 Rechteck c von 7,5 x 8 cm

Für das Slipeinlagen-Täschchen

- A: 1 Rechteck a von 35 x 9,5 cm, 1 Rechteck b von 28 x 9,5 cm
- B: 1 Rechteck b von 28 x 9,5 cm

So wird's gemacht

Die Angaben für das Slipeinlagen-Täschchen stehen jeweils in Klammern!

Für die Vorderseite Stoff A/a links auf links auf 7,5 x 8,5 cm (17,5 x 9,5 cm) falten und bügeln. Vlies C/c einlegen (entfällt beim Slipeinlagen-Täschchen) und die offenen Kanten zusammennähen. Die Hakenseite des Klettverschlusses mit einem Abstand von 1,5 cm (4 cm) von der Bruchkante (= Oberkante) mittig auf Stoff A/a festnähen.

Für die Rückseite Stoff B/b mit der linken Seite auf Vlies C/b bügeln (entfällt beim Slipeinlagen-Täschchen). Die Vorderseite auf Stoff B legen, dabei die Unterkanten bündig ausrichten. Stoff A/b (A/b) rechts auf rechts bündig darüberlegen. Bei Motivstoffen beachten, dass das Motiv, von der linken Stoffseite gesehen, auf dem Kopf stehen muss, damit es später richtig herum erscheint.

Das Täschchen ringsum bis auf die Unterkante zusammennähen. Die Nahtzugaben an den Ecken schräg beschneiden, die Tasche auf rechts wenden. Dabei darauf achten, dass der Futterstoff und die Naht des Klettverschlusses sichtbar sind. Die Ecken gut herausarbeiten.

Die Tasche glatt streichen und an der noch offenen Unterkante etwas auseinanderziehen, sodass keine Falten entstehen. Die Unterkante schließen und mit Zickzackstich versäubern. Das Fach nach außen stülpen und die Tasche glatt bügeln. Die Flauschseite des Klettverschlusses auf dem Futter von B/b mit einem Abstand von 1 cm (2,5 cm) von der Oberkante mittig platzieren und festnähen.

Music in the air

MP3-Player-Hülle · 13 x 8 cm · Schwierigkeitsgrad ● ● ●

Für alle Musikliebhaber, die viel unterwegs sind, ist diese Hülle ein Must-have: fröhlich, bunt und dank Kopfhörerfach und Trageband auch richtig praktisch.

Material

Angaben in Höhe x Breite

- A: Stoff mit Eulenmotiv (Außentasche) 20 x 140 cm
- B: gepunkteter grüner Stoff (Vorder-/Rückkteil Tasche) 20 x 30 cm
- C: grüner Stoff (Futter) 35 x 12 cm
- D: mitteldickes, aufbügelbares Volumenvlies, 35 x 12 cm
- Paspelband in Hellblau mit weißen Punkten, 22 cm
- Schrägband in Hellblau mit weißen Punkten, 18 mm breit, 5 cm und 15 cm
- 1 überziehbarer Knopf, ø 15–19 mm
- 1 Öse, ø 5 mm
- 1 Karabiner, 25 x 40 mm
- 1 Niete, ø 9 mm
- Nähgarn in Hellblau und Grün

Zuschneiden

Maße inkl. 0,5 cm Nahtzugabe.

- A: 1 Rechteck a von 18 x 9,2 cm, 1 Streifen b von 6 x 92 cm (Gurtband)
- B: 2 Rechtecke c von 14,5 x 9,2 cm
- C und D: nach Fertigstellung der Tasche (s. Anleitung)

So wird's gemacht

Für die Knopfschlaufe das 15 cm lange Stück Schrägband an der Stoffbruchkante zusammenklappen. So zusammenlegen, dass in der Mitte unten ein Dreieck entsteht, dabei liegen die offenen Kanten außen. Feststecken und das Schrägband an den Außenkanten rundherum knappkantig absteppen.

Das 5 cm lange Stück Schrägband auf 2,5 cm Länge zusammenfalten, knappkantig absteppen und die Öse mit 0,7 cm Abstand zur Bruchkkante einschlagen. Den Knopf mit Stoff A laut Herstellerangaben beziehen.

Für das Gurtband Streifen A/b an den kurzen Enden ca. 1 cm nach innen schlagen und quer rechts auf rechts zusammenlegen, feststecken. Ringsum bis auf eine Wendeöffnung knappkantig zusammennähen (das Band muss später exakt 2,5 cm breit sein, um durch den Karabiner zu passen). Auf rechts wenden, bügeln und knappkantig absteppen.

Stoff A/a quer zur Hälfte falten (auf 9 x 9,2 cm), bügeln und das Paspelband an der Stoffbruchkante innen aufnähen. Die Außentasche mit den offenen Stoffkanten unten bündig auf die rechte Seite des Vorderteils (B) legen und an der Unterkante mit einer Hilfsnaht sichern. Das Rückteil (B) rechts auf rechts bündig auf das Vorderteil legen, alle Lagen an der Unterkante knappkantig zusammennähen und mit Zickzackstich versäubern.

Hinweis

Die Tasche eignet sich für MP3-Player mit den Maximalmaßen 11,5 x 6,2 x 1,2 cm, z. B. den iPod touch der 4. Generation. Für den iPod touch der 5. Generation Stoff B um je 1,5 cm verlängern. Für alle anderen Geräte gilt folgendes Berechnungsmodell:

• Höhe + Tiefe +1 cm Nahtzugabe = Höhe im Stoffbruch
• Breite + Tiefe + 1 cm Nahtzugabe = Breite
• Die Höhe der Außentasche (A) entsprechend anpassen, sie sollte 5 cm kürzer als Stoff B sein.

Die Teile auf rechts wenden. Die Unterkante des Vorderteils auf der Außentasche knappkantig absteppen und die Außentasche auf der Vorderseite feststecken.

Für das Futter die Tasche aufklappen, auf das Futter (C) und das Volumenvlies (D) legen und in gleicher Größe zuschneiden. Den Futterstoff auf ca. 7 x 9,2 cm falten und an der Bruchkante aufschneiden (= Vorder- und Rückteil). Die aufgeklappte Tasche auf die Klebeseite von Vlies D bügeln.

Die Knopfschlaufe mittig auf der Unterkante der Tasche mit Zickzackstich festnähen. Sie sollte ca. 4,5 cm auf dem Stoff liegen, die offenen Enden liegen an der Oberkante.

Die Futterteile nacheinander rechts auf rechts auf das Vorder- bzw. Rückteil legen und an Ober- und Unterkante knappkantig festnähen.

Vorder- und Rückteil rechts auf rechts zusammenklappen, dabei darauf achten, dass alle Nähte und Übergänge bündig übereinanderliegen, und feststecken.

Die Tasche ringsherum knappkantig zusammennähen, dabei an der Unterkante des Futters eine Wendeöffnung von ca. 5 cm frei lassen. Die Tasche auf rechts wenden und die Ecken vorsichtig herausarbeiten. Abschließend die Nahtzugaben des Futterstoffes nach innen stülpen und die Öffnung mit der Maschine schließen. Das Futter in die Tasche stecken.

Das Gurtband auf die halbe Länge falten. Ein Ende um den D-Ring des Karabiners legen, das andere Ende des Bandes zwischenfassen, sodass die Enden ca. 3 cm überlappen und das Band dadurch geschlossen ist. Feststecken und im Abstand von 0,5 und 1 cm von der unteren Kante absteppen. Niete mittig auf der Überlappung einschlagen.

Um den Knopf anzunähen, mithilfe der angenähten Schlaufe die exakte Position auf dem Vorderteil ermitteln, dafür auch das Gerät in die Tasche stecken. Den Knopf annähen.

Wer schreibt, der bleibt

Notizblockhülle · 15,5 x 21,5 cm · Vorlagen 6a–b · Schwierigkeitsgrad ● ● ●

Die Hülle bietet Platz für Notizblock, Visiten- und Kreditkarten, Kleingeld und gefaltete Scheine. Der Kuli hat auf der Vorderseite sein Einsteckfach.

Material

Angaben in Höhe x Breite

- A: weißes Wachstuch gemustert (Vorder-/Rückteil, Fächer), 32 x 80 cm
- B: schwarzer Baumwollstoff (Futter), 25 x 40 cm
- C: mitteldickes, aufbügelbares Volumenvlies, 25 x 40 cm
- D: feste Bügeleinlage (Schabrackeneinlage), 25 x 40 cm
- 1 Druckknopf, ø 10 mm
- Schrägband in Schwarz mit weißen Punkten, 18 mm breit, 23 cm
- 1 Reißverschluss in Weiß, 10 cm
- Zackenlitze in Schwarz, 22 cm
- Nähgarn in Weiß und Schwarz
- Teppichmesser, Lineal

So wird's gemacht

Für den Riegel die Zackenlitze auf die rechte Seite eines Stoffes A/6a mittig auf die gerundete Stoffkante aufnähen. Das Gegenstück A/6a rechts auf rechts bündig auflegen und bis auf die Oberkante zusammennähen. Den Riegel auf rechts wenden, bügeln und ringsum knappkantig absteppen.

Für den Stifteinschub Stoff A/d an der Oberkante ca. 0,5 cm einschlagen und die Bruchkante schmalkantig absteppen. Links auf rechts etwa 6,5 cm oberhalb der Unterkante und 5 cm vom der rechten Seitenkante auf Stoff A/c legen und an den Seitenkanten und der Unterkante mit zwei parallelen Nähten knappkantig aufsteppen.

Für den Einband Stoff B links auf rechts auf Einlage D bügeln. Vlies C links auf links bündig darunterlegen und die Lagen ringsum mit dem Zickzackstich zusammennähen.

Für den Blockeinschub die Oberkante von Stoff A/d ca. 0,5 cm einschlagen und absteppen. Mit der rechten Seiten- und Unterkante bündig auf das Futter legen und festnähen. Die Oberkante bleibt offen!

Zuschneiden

Vorlage 6a inkl. 0,4 cm, Maße c, e und Vorlage 6b inkl. 0,5 cm Nahtzugabe, für Maß d keine Nahtzugabe nötig.

- A: je 2-mal Vorlage 6a und 6b, 1 Rechteck c von 23 x 33 cm (Einband), 1 Rechteck d von 13 x 5 cm (Stifteinschub), 1 Rechteck e von 13 x 33 cm (Blockeinschub)
- B: 1 Rechteck c von 23 x 33 cm
- C: 1 Rechteck c von 23 x 33 cm
- D: 1 Rechteck c von 23 x 33 cm

Hinweis

Es gibt Wachstücher, die sich nur mit einem Teflon-Nähmaschinenfuß nähen lassen. Alternativ können Sie etwas Kreppband um den Nähfuß kleben. Informieren Sie sich darüber am besten vor dem Stoffkauf.

Für die beiden Kreditkartenfächer auf einem Stoff A/6b die Linien laut Markierung in der Vorlage mit einem Teppichmesser einschneiden.

Für das Geldfach ein Rechteck von 1 x 9,5 cm laut Markierung in der Vorlage mit dem Teppichmesser herausschneiden. Den Reißverschluss mittig hinter dem Schlitz positionieren und mit dem Reißverschlussfüßchen von rechts festnähen. Das so vorbereitete Teil A/6b links auf rechts auf den zweiten Stoff A/6b legen und ringsum knappkantig zusammennähen. Nacheinander eine Kreditkarte in die Fächer stecken und die Umrisse für jedes Fach knappkantig absteppen. Sollen mehrere Karten in das Fach passen, den Rand etwas breiter setzen. Das Schrägband auf die noch offene rechte Seitenkante des Faches aufnähen.

Das Innenfach links bündig bis auf die mit Schrägband versäuberte Seitenkante auf dem Futterstoff festnähen.

Den Riegel auf 7,5 cm Länge einkürzen, das offene Ende 1 cm über die Seitenkante ragen lassen und rechts auf rechts, mittig auf der linken Seitenkante von Stoff A/c mit einer Hilfsnaht festnähen.

Die Außenseite A/c inkl. Riegel rechts auf rechts auf das Futter inkl. Innenfach und Blockeinschub ringsum zusammennähen, dabei an der Unterkante eine Wendeöffnung von ca. 10 cm frei lassen. Die Nahtzugaben an den Ecken schräg beschneiden, die Hülle auf rechts wenden und die Ecken vorsichtig herausarbeiten. Die Nahtzugaben der Wendeöffnung nach innen stülpen und mit einer Wäscheklammer o. Ä. fixieren (Stecknadeln würden Löcher hinterlassen). Abschließend die Hülle ringsum knappkantig absteppen, dadurch wird auch die Wendeöffnung verschlossen.

Eine Hälfte des Druckknopfs mit etwas Abstand von der runden Unterkante mittig laut Herstellerangaben in den Verschlussriegel einschlagen. Die Hülle mit einem Notizblock füllen, den Riegel umlegen und markieren, an welcher Stelle das Gegenstück des Knopfes angebracht werden muss, und das Gegenstück einschlagen.

Tipp

Der letzte Schritt ist etwas knifflig. Leichter wird es, wenn Sie die Position des Gegenstücks auf dem Stoff markieren und zunächst mit dem gezackten Teil von außen nach innen stechen. Nehmen Sie nun ein zweites gezacktes Teil und stechen Sie es dort durch, wo die Zacken des ersten Teils durchschimmern. Dann das Gegenstück aufstecken und den Druckknopf einschlagen. Achtgeben, dass Sie das Innenfach nicht beschädigen.

Immer griffbereit

Federmäppchen · 5 x 18,5 cm · Vorlage 7 · Schwierigkeitsgrad ●

Wieder mal auf der Suche nach dem passendenden Stift? Dieses kleine Federmäppchen ist schön griffig und bietet Platz für Kuli, Bleistift und Füllfederhalter.

Material

Angaben in Höhe x Breite

- A: Stoff mit Schneckenmotiv (Vorder-/Rückteil), 20 x 27 cm
- B: roter Stoff mit weißen Punkten (Futter), 20 x 27 cm
- C: dickes, flauschiges Volumenvlies, 20 x 27 cm
- 1 Reißverschluss in Rot, 20 cm
- Satinband, 20 cm
- 2 Holzperlen in Rot und Pink
- Nähgarn in Weiß und Rot

Zuschneiden

Vorlage inkl. 0,5 cm Nahtzugabe.

- A: 1-mal Vorlage 7
- B: 2-mal Vorlage 7
- C: 1-mal Vorlage 7

So wird's gemacht

Für die Außenseite Stoff A auf Vlies C legen und beide Lagen an der Ober- und Unterkante mit dem Zickzackstich zusammennähen. Den Reißverschluss rechts auf rechts (die Unterseite des Reißverschlusses liegt also oben, der Zipper soll sich links befinden) bündig an die Oberkante von Stoff A festnähen.

Für das Futter Stoff B an der Stoffbruchkante falten und die Bruchkante aufschneiden (= Vorder- und Rückteil). Einen Stoff B rechts auf rechts auf Stoff A und Reißverschluss stecken, dabei liegen die Oberkanten bündig. Die Oberkanten mit dem Reißverschlussnähfuß festnähen.

Die Stoffe auseinanderklappen und die freie Seite des Reißverschlusses rechts auf rechts bündig an die gegenüberliegende Oberkante von Stoff A stecken. Den verbliebenen Stoff B mit Reißverschluss und Oberkante von Stoff A zusammennähen. Die rechte Seite des Futterstoffes liegt dabei innen.

Die Seitenkanten des Mäppchens rechts auf rechts bündig zusammennähen. Die Bodenecken nähen, dafür die jeweilige Seitennaht auf der Bodennaht ausrichten und die Öffnung zusammennähen.

Die Seitennähte und Bodennaht des Futters auf die gleiche Art schließen, jedoch im Boden eine Wendeöffnung von ca. 7 cm frei lassen. Das Täschchen auf rechts wenden. Die Ecken von Außenstoff und Futterstoff vorsichtig herausarbeiten, die Nahtzugabe der Wendeöffnung nach innen stülpen und die Öffnung mit der Maschine zunähen. Das Futter nach innen stecken.

Das Satinband durch das Loch im Zipper führen. Die beiden Enden des Satinbandes zusammenfassen und gemeinsam durch die Holzperlen fädeln. Mit einem Knoten sichern.

Für eine ganze Bibliothek

eReader-Hülle · 19 x 14 cm · Schwierigkeitsgrad ●

ebooks sind auf dem Vormarsch und eine eReader-Hülle darf daher nicht fehlen. Dieses edle Exemplar aus Leinen ist ein echter Hingucker.

Material

Angaben in Höhe x Breite

- A: Leinen in Natur (Vorder-/Rückteil), 25 x 35 cm
- B: Leinen in Natur gemustert (Außentasche), 32 x 35 cm
- C: Baumwolle in Weiß (Futter), 45 x 17 cm
- D: mitteldickes, aufbügelbares Volumenvlies, 45 x 17 cm
- Paspelband in Weiß, 15 cm
- Gummikordel, ø 2 mm, 15 cm
- 1 überziehbarer Knopf, ø 19 mm
- Nähgarn in Natur und Weiß

Zuschneiden

Maße inkl. 0,5 cm Nahtzugabe.

- A: 2 Rechtecke a von 20,5 x 15 cm
- B: 1 Rechteck b von 30 x 15 cm
- C: 1-mal nach Fertigstellung der Tasche (s. Anleitung)
- D: 1-mal nach Fertigstellung der Tasche (s. Anleitung)

Hinweis

Die Tasche eignet sich für eReader mit den Maximalmaßen 17,2 x 12 x 1 (z. B. Kindle). Für alle anderen Reader lassen sich die Maße der Tasche wie folgt berechnen:

- Höhe + Dicke + 1,5 cm Nahtzugabe = Höhe
- Breite + Dicke + 1 cm Nahtzugabe = Breite

So wird's gemacht

Für die Außentasche Stoff B links auf links zum Quadrat falten und bügeln, das Paspelband an der Stoffbruchkante innen aufnähen. Die Außentasche mit den offenen Stoffkanten unten bündig auf die rechte Seite des Vorderteils (A) legen und an der Unterkante mit einer Hilfsnaht sichern. Das Rückteil (A) rechts auf rechts bündig auf das Vorderteil legen, alle Lagen an der Unterkante knappkantig zusammennähen und die Nahtzugabe mit Zickzackstich versäubern.

Die Teile auf rechts wenden, die Außentasche an der Unterkante knappkantig absteppen und auf der Vorderseite mit Nadeln feststecken. Für das Futter die Tasche aufklappen, auf das Futter (C) und das Vlies (D) legen und in gleicher Größe zuschneiden. Den Futterstoff quer zur Hälfte falten und die Bruchkante aufschneiden (= Vorder- und Rückteil). Die aufgeklappte Tasche auf die Klebeseite von Vlies D bügeln. Die Gummikordel zur Schlaufe legen und mittig auf der Unterkante 3-fach mit Zickzackstich festnähen, sie sollte ca. 4 cm auf dem Stoff liegen. Die Futterteile nacheinander rechts auf rechts auf Ober- und Unterkante der Tasche legen und knappkantig festnähen.

Vorder- und Rückteil rechts auf rechts zusammenklappen. Darauf achten, dass alle Nähte bündig aufeinanderliegen. Die Tasche ringsum zusammennähen, an der Unterkante des Futters eine Wendeöffnung von ca. 7 cm frei lassen.

Die Nahtzugaben an den Ecken schräg beschneiden, die Tasche auf rechts wenden und die Ecken vorsichtig herausarbeiten. Abschließend die Nahtzugabe der Wendeöffnung nach innen stülpen, die Öffnung mit der Maschine schließen und das Futter nach innen stecken.

Den Knopf mit Stoff B laut Herstellerangaben beziehen und von Hand annähen.

Kein Anschluss unter dieser Nummer

Diese Schutzhülle ist ein absolutes must have für das sicherlich liebste Accessoire, das wir ständig bei uns tragen: das Handy!

Material

Angaben in Höhe x Breite

- A: weißer Stoff mit schwarzen Blumen (Vorder-Rückteil), 25 x 15 cm
- B: schwarzer Stoff mit weißen Blumen (Vorder-/Rückteil), 15 x 15 cm
- C: weißer Stoff mit geometrischem Muster (Futter), 32 x 11 cm
- D: mittelstarkes, aufbügelbares Volumenvlies, 32 x 11 cm
- Gummikordel in Weiß, ø 2 mm, 10 cm
- 1 Knopf in Rot, ø 15–18 mm
- Paspelband in Rot, 18 cm
- Nähgarn in Weiß

Zuschneiden

Maße inkl. 0,5 cm Nahtzugabe.

- A: 2 Rechtecke a von 10 x 9,3 cm
- B: 1 Rechteck b von 11,2 x 9,3 cm
- C: nach Fertigstellung der Tasche (s. Anleitung)
- D: nach Fertigstellung der Tasche (s. Anleitung)

Hinweis

Die Tasche eignet sich für Smartphones mit den Maximalmaßen 11,5 x 6,2 x 1,2 cm.

So wird's gemacht

Das Paspelband an Ober- und Unterkante (9,3 cm breit) von Stoff B aufnähen. Die Stoffe A rechts auf rechts auf Ober- und Unterkante von Stoff B legen und festnähen. Dabei darauf achten, dass die Steppnaht des Paspelbandes später nicht sichtbar ist (Nadel-/Nähfußstellung testen). Die Stoffe auseinanderfalten und bügeln, sodass das Paspelband nach unten zeigt. Stoff A oberhalb des Paspelbandes knappkantig absteppen. Die Tasche auf das Futter (C) und das Volumenvlies (D) legen und in gleicher Größe zuschneiden. Die Tasche auf Vlies D legen und aufbügeln.

Die Gummikordel zur Schlaufe legen, mittig auf der Unterkante der Tasche 3-fach mit Zickzackstich festnähen, dabei liegt die Schlaufe ca. 3,5–4 cm auf dem Stoff. Stoff C quer zur Hälfte falten (auf 14 x 9,2 cm) und den Stoffbruch aufschneiden. Ein Teil rechts auf rechts bündig auf das Rückteil der Tasche legen und an der Oberkante zusammennähen, für das Vorderteil wiederholen.

Die Seitenkanten der Tasche rechts auf rechts bündig aufeinanderstecken, dabei darauf achten, dass die Stoffübergänge exakt aufeinanderliegen. Ringsum zusammennähen, jedoch an der Unterkante des Futters eine Wendeöffnung von ca. 5 cm frei lassen. Die Tasche auf rechts wenden, die Nahtzugabe des Futters nach innen stülpen und die Öffnung mit der Maschine schließen. Das Futter nach innen stecken. Die Hülle bügeln. Die Schlaufe aus Gummikordel auf die Vorderseite legen und die Position des Knopfes ermitteln, dazu auch das Smartphone in die Tasche stecken. Knopf von Hand auf der Vorderseite annähen.

Money, Money

Portemonnaie · 12 x 15 cm · Schwierigkeitsgrad ● ● ●

Es darf in keiner Tasche fehlen: das Portemonnaie. Dieses Model verfügt über sechs Kreditkartenfächer, die problemlos doppelt belegt werden können, ein Scheinfach und ein geräumiges Kleingeldfach.

Material

Angaben in Höhe x Breite

- A: Stoff in Petrol gemustert (Vorder-/Rückteil), 50 x 60 cm
- B: Stoff in Hellgrün gemustert (Fächer), 25 x 40 cm
- C: Stoff in Petrol uni (Futter), 35 x 20 cm
- D: Stoff in Türkis mit weißen Punkten (Futter Reißverschlussfach), 25 x 20 cm
- E: mitteldickes, aufbügelbares Volumenvlies, 35 x 20 cm
- F: feste Bügeleinlage (Schabrackeneinlage), 25 x 30 cm
- 1 Reißverschluss in Petrol, 15 cm
- Schrägband in Mint mit weißen Punkten, 18 mm breit, 16 cm
- Nähgarn in Petrol und Lemon
- 1 Drehverschluss, 35 x 20 mm
- Teppichmesser, ggf. Nagelschere

So wird's gemacht

Für die Kartenfächer 2 Stoffe A/b und 2 Stoffe B an der Stoffbruchkante bügeln und knappkantig absteppen. Einen Stoff B auf den Tisch legen und einen Stoff A/a mit einem Abstand von 0,7 cm von der Oberkante darauflegen. Eine Kreditkarte zwischen beide Lagen stecken, die Unterkante der Kreditkarte mit einer Nadel markieren und ca. 2 mm unterhalb der Nadel die Stofflagen quer von der linken zur rechten Seitenkante absteppen. Anschließend die Stoffe B und A/b nacheinander in gleicher Weise aufsteppen.

Das Schrägband zusammenklappen und an die letzte Naht halten. Festlegen, auf welcher Höhe die Unterkanten abgeschnitten werden müssen, damit die Abschlussnaht knapp verdeckt wird. Die Unterkanten dementsprechend kürzen (abschneiden).

Für die Fächereinteilung zuerst die Mittelnaht von unten nach oben nähen. Eine Kreditkarte in das oberste Fach einstecken und mit dem Fingernagel an der Kante der Kreditkarte entlangfahren. Die Markierung an der linken Kante des Nähfußes ausrichten und die Naht mit mittig positionierter Nadel absteppen, an der Oberkante der Fächereinstiege die Naht 3-fach nähen. Den linken Kreditkartenteil ebenso nähen. Das Schrägband an der unteren Kante der Fächer aufnähen. Beiseite legen.

Für das Reißverschlussfach den Reißverschluss rechts auf rechts (die Unterseite des Reißverschlusses liegt also oben, der Zipper soll sich links befinden) bündig an die Oberkante des verbliebenen Stoffes A/b stecken. Das Metall-Endstück des Reißverschlusses muss ca. 1 cm auf dem Stoff liegen. Stoff D/b rechts auf rechts bündig auf Stoff A/b und den Reißverschluss stecken. Die Oberkanten mit dem

Zuschneiden

Maße inkl. 0,7 cm Nahtzugabe.

- A: 1 Rechteck a von 30,6 x 16,5 cm, 3 Rechtecke b von
  22 x 16,5 cm
- B: 2 Rechtecke b von 22 x 16,5 cm
- C: 1 Rechteck a von 30,6 x 16,5 cm
- D: 1 Rechteck b von 22 x 16,5 cm
- E: 1 Rechteck a von 30,6 x 16,5 cm
- F: 1 Rechteck a von 30,6 x 16,5 cm

Reißverschlussnähfuß zusammennähen, aufklappen, bügeln und die Kante unterhalb des Reißverschlusses knappkantig absteppen.

Nun die Unterkante von Stoff A rechts auf rechts bündig an die andere Seite des Reißverschlusses stecken. Stoff D mit Außenstoff und Reißverschluss zusammenstecken und festnähen. Den Reißverschluss ganz öffnen, die Teile auf rechts wenden, straff ziehen und die zweite Kante absteppen (das ist etwas kniffelig). Die Tasche flach drücken, dabei den Reißverschluss ca. 2,2 cm unterhalb der Oberkante ausrichten, bügeln.

Nun die einzelnen Teile des Innenlebens aufnähen, dazu Stoff C auf die Klebeseite von Vlies E bügeln. Das Reißverschlussfach bündig auf die Unterkante von Stoff C legen und ringsum knappkantig darauf festnähen. An der Oberkante eine zweite, versetzte Naht setzen.

Das Kreditkartenfach oberhalb des Reißverschlussfaches mit einem Abstand von 1,5 cm auf den Futterstoff legen, fixieren und auf dem Schrägband festnähen.

Die Einlage F auf die linke Seite von Stoff A/a bügeln. Stoff A/a rechts auf rechts bündig auf das Innenleben des Portemonnaies legen und ringsum bis auf eine Wendeöffnung von ca. 10 cm an der Unterkante zusammennähen. Die Nahtzugaben an den Ecken schräg beschneiden, das Portemonnaie vorsichtig auf rechts wenden, bügeln. Die Nahtzugabe der Wendeöffnung nach innen stülpen und mit Stecknadeln verschließen. Die Klappe sowie die Unterkante des Portemonnaies knappkantig absteppen, dadurch wird auch die Wendeöffnung verschlossen.

Um den Verschluss anzubringen, auf der Klappe die Mitte mit einem Abstand von 1,7 cm von der Oberkante markieren. Den Verschlussteil für die Klappe mittig platzieren und die ovale Rundung aufzeichnen. Innerhalb der Rundung den Stoff mit einer Nagelschere ausschneiden, dabei jedoch nicht zu nah an den aufgezeichneten Rand kommen. Das Verschlussstück laut Herstellerangaben anbringen und die Rundung vorsichtig versäubern. Das ist etwas mühsam und geht am besten mit einer Nagelschere und einem Teppichmesser.

Den unteren Teil des Verschlusses (Drehteil) auf dem eingeklappten Stück des Portemonnaies so positionieren, dass sich das Portemonnaie bequem schließen lässt. Die Zacken zur Markierung etwas in den Stoff drücken und die Einstichstellen mit einem Teppichmesser vorsichtig einschneiden. Vorher unbedingt das Kleingeldfach öffnen und eine Unterlage zum Schutz einlegen, damit andere Stoffteile nicht beschädigt werden. Nun die Zacken durch den Stoff stechen und nach außen drücken.

Schnapp, schnapp!

Schlüsseletui · 12,5 x 8 cm · Vorlagen 8a–b · Schwierigkeitsgrad ● ●

Dieses originelle Schlüsseletui mag man gar nicht mehr aus der Hand legen. Es ist bunt, macht gute Laune, ist schön griffig und hat einen lässigen Schnappverschluss.

Material

Angaben in Höhe x Breite

- A: hellblauer Stoff mit weißen Punkten (Vorder- und Rückteil), 10 x 22 cm
- B: Stoff mit Fischmotiv (Vorder-/Rückteil), 12 x 25 cm
- C: hellblauer Stoff (Futter), 20 x 25 cm
- D: mittelstarkes, aufbügelbares Volumenvlies, 12 x 25 cm
- 1 Schnappverschluss, 8 cm
- Zackenlitze in Weiß, 18 cm
- Paspelband in Grün mit weißen Punkten, 18 cm
- Schrägband, 18 mm breit, in Grün mit weißen Punkten, 6 cm
- 1 Karabiner, 1 cm breit
- Gliederkette mit Verschluss (Baumarkt), 20 cm
- 1 Schlüsselring, ø 1,5 cm
- 2 Ösen mit Scheiben, ø 5 mm
- Nähgarn in Hell- und Dunkelblau

So wird's gemacht

Für Vorder- und Rückteil Stoff B jeweils links auf rechts auf die Klebeseite von Vlies D bügeln. Die Zackenlitze bündig auf die Ober- und Unterkante von Stoff B legen und knappkantig aufnähen.
Das Schrägband zusammenklappen und knappkantig absteppen, durch den Karabiner ziehen, zur Hälfte falten und auf die rechte Seite des Vorderteil an der rechten Seitenkante ca. 1,5 cm unterhalb der Oberkante festnähen, dabei liegt die Schlaufe mit dem Karabiner ca. 2,5 cm auf dem Vorderteil. Das Paspelband mit der Außenkante bündig auf Stoff B aufnähen. Prüfen, welche Position Nähfuß und -nadel haben müssen, damit später nur die Unterkante der Zackenlitze sichtbar wird.
Für die Blende Stoff A jeweils rechts auf rechts auf Stoff B (Vorder-/Rückteil) legen, festnähen und bügeln. Die fertige Vorder- und Rückseite jeweils auf Stoff C (Futter) legen und 2-mal zuschneiden.
Auf den Vorder- und Rückteilen (Außenseite/Futter) jeweils beidseitig 5 cm von der Oberkante abmessen und mit Nadeln markieren. Die beiden Vorderseiten (Außenseite/Futter) an der Oberkante rechts auf rechts zusammennähen. Für die beiden Rückteile wiederholen.

Zuschneiden

Vorlagen inkl. 0,5 cm Nahtzugabe.

- A: 2-mal Vorlage 8a
- B: 2-mal Vorlage 8b
- C: 2-mal nach Fertigstellung der Tasche (s. Anleitung)
- D: 2-mal Vorlage 8b

Die beiden Teile aufklappen, rechts auf rechts aufeinander feststecken, dabei darauf achten, dass die Markierungen exakt aufeinanderliegen. Die Seiten- und Unterkanten jeweils von Markierung zu Markierung schließen, beim Futter jedoch an der Unterkante eine Wendeöffnung von ca. 5 cm frei lassen.

Um die noch offenen 5 cm langen Seitenkanten zu schließen, die Stoffe so „auseinanderziehen", dass die Nähte zwischen Etuistoff und Stoff C aufeinanderliegen. Die Seitenkanten komplett schließen, jedoch dabei jeweils nur bis zur bereits vorhandenen Seitennaht nähen (die Naht nicht übernähen).

Das Etui auf rechts wenden und den Stoff von innen vorsichtig herausarbeiten. Die Nahtzugaben der Wendeöffnung nach innen stülpen, mit der Maschine zunähen und das Futter nach innen stecken.

Die Oberkante des Etuis gut bügeln und soweit nach innen stülpen, dass sich der Schnappverschluss problemlos durch den entstehenden Schlauch schieben lässt. Nahtzugabe berücksichtigen! Den Stoff feststecken und knappkantig mit dem Reißverschlussfuß (die Nadel ist auf der linken Seite) an der Unterkante festnähen. Für das Rückteil wiederholen, dabei darauf achten, dass Vorder- und Rückteil die gleiche Höhe haben.

Für die Ösen auf der Rückseite des Etuis gemäß Markierung in Vorlage 8b die Löcher laut Herstellerangaben einschlagen. Mit einer Lochzange geht es ganz bequem, ansonsten darauf achten, dass der Stoff des Vorderteils nicht ebenfalls gelocht wird. Ösen einschlagen und die Gliederkette von innen durch die Ösen ziehen. Schlüsselring innen einhängen und verschließen.

Die beiden Teile des Schnappverschlusses durch den jeweiligen Schlauch schieben und auf der anderen Seite laut Herstellerangaben verschließen.

Für Schnupfnasen

Taschentuchtäschchen · 7 x 15 x 2 cm · Vorlagen 9a–b · Schwierigkeitsgrad ● ●

Endlich ein schönes Täschchen für Taschentücher, das die hässliche Plastikhülle überflüssig macht – fast zu schade und viel zu niedlich, um es in die Tasche zu stecken.

Material

Angaben in Höhe x Breite

- A: blauer geblümter Stoff (Klappe), 10 x 17 cm
- B: hellblauer Stoff mit weißen Punkten (Korpus), 20 x 18 cm
- C: dunkelblauer Stoff mit weißen Punkten (Futter), 30 x 18 cm
- D: mitteldickes, aufbügelbares Volumenvlies, 20 x 18 cm
- E: leichte Bügeleinlage, 10 x 17 cm
- Paspelband in Weiß, 30 cm
- 1 Steckschloss, 14 x 22 mm
- Nähgarn in Hell- und Dunkelblau

Zuschneiden

Vorlagen inkl. 0,5 cm Nahtzugabe.

- A: 1-mal Vorlage 9a
- B: 2-mal Vorlage 9b
- C: 1-mal Vorlage 9a, 2-mal Vorlage 9b
- D: 2-mal Vorlage 9b
- E: 1-mal Vorlage 9a

So wird's gemacht

Einlage E auf die Rückseite von Stoff A bügeln. Paspelband bündig auf die rechte Seite von Stoff A an die gerundete Kante legen und aufnähen. Stoff C/9a rechts auf rechts auf Stoff A legen und an der Außenkante entlang festnähen. Die Oberkante bleibt geöffnet. Auf rechts wenden, bügeln und knappkantig absteppen. Die Stoffe B jeweils auf Vliese D bügeln. Stoff C/9b rechts auf rechts auf Stoff B legen und an der Oberkante zusammennähen. Die Klappe rechts auf rechts und mittig auf der Oberkante des zweiten Stoffes B platzieren. Stoff C/9b rechts auf rechts darüberlegen und die Lagen an der Oberkante knappkantig zusammennähen. Vorder- und Rückteil rechts auf rechts aufeinanderstecken. Futter ebenfalls zusammenstecken. Darauf achten, dass alle Nähte bündig übereinander ausgerichtet sind. Zunächst die Unterkante der Tasche knappkantig schließen, dann die beiden Seitenkanten bis zur Unterkantenmitte des Futters zunähen, dabei jedoch unten mittig eine Wendeöffnung von ca. 5 cm frei lassen.

Die Bodenecken in Futter und Tasche nähen, dafür die jeweilige Seitennaht auf der Bodennaht ausrichten und die Öffnung zusammennähen. Das Täschchen auf rechts wenden und die Ecken herausarbeiten. Die Nahtzugabe der Wendeöffnung nach innen stülpen und die Öffnung schließen. Das Futter nach innen stecken, bügeln.

Den oberen Teil des Steckschlosses mittig auf der Klappe platzieren und laut Herstellerangaben anbringen. Die Löcher mit einer Lochzange stanzen. Die Position des unteren Teils des Schlosses ermitteln und laut Herstellerangaben anbringen.

Kleiner Euroschlucker

Schlüsselanhänger · 4,2 x 6 cm · Schwierigkeitsgrad ●

Dieser Schlüsselanhänger ist nicht nur ein schöner Blickfang, der gut in der Hand liegt. Er bietet auch Platz für den obligatorischen Einkaufswagen-Chip oder Euro. Das Suchen hat ein Ende!

Material

Angaben in Höhe x Breite

- A: Stoff mit Erdbeermotiv (Vorder-/Rückteil), 20 x 10 cm
- B: gepunkteter Stoff (Futter), 9 x 10 cm
- C: mitteldickes, aufbügelbares Volumenvlies, 9 x 10 cm
- Klettverschluss in Rot, 1,5 cm
- Webband in Rosa-Rot, 4,5 cm
- 1 Schlüsselring, ø 3 cm
- Nähgarn in Rosa und Rot

Zuschneiden

Maße inkl. 0,5 cm Nahtzugabe.

- A: 1 Rechteck a von 9 x 7 cm, 1 Rechteck b von 8,5 x 7 cm
- B: 1 Rechteck b von 8,5 x 9 cm
- C: 1 Rechteck b von 8,5 x 9 cm, 1 Rechteck c von 4,5 x 7 cm

So wird's gemacht

Für die Tasche Stoff A/a zur Hälfte falten (auf 4,5 x 7 cm), bügeln und das Vlies C/c hineinlegen. Das Webband zur Schlaufe legen und auf der rechten Seitenkante knapp unter der Oberkante gut festnähen. Das Teil ringsum bis auf die Stoffbruchkante zusammennähen.

Die Hakenseite des Klettverschlusses mit einem Abstand von 0,5 cm von der Oberkante mittig auf dem Stoff platzieren und festnähen.

Stoff B/b auf Vlies C/b legen, Stoff A/a mit der Unterkante bündig darauf platzieren. Stoff A/b rechts auf rechts darauflegen. Der Teil des Stoffes, der später die Klappe bilden soll, zeigt nach oben.

Den Anhänger ringsum bis auf die Unterkante zusammennähen. Die Nahtzugaben an den Ecken schräg beschneiden, den Anhänger auf rechts wenden. Dabei darauf achten, dass beim Wenden sowohl der Futterstoff als auch die rückseitige Naht des Klettverschlusses sichtbar wird.

Vorsichtig die Ecken des Anhängers herausarbeiten und den Stoff glatt streichen. Die Wendeöffnung ca. 0,5 cm oberhalb der Unterkante verschließen. Mit Zickzackstich versäubern und umstülpen. Glatt bügeln und den flauschigen Teil des Klettverschlusses im Innenteil mittig auf der Klappe platzieren und mit einem Abstand von 1 cm zur Oberkante festnähen. Abschließend den Schlüsselring durch das Webband ziehen.

Vielseitig einsetzbar

Tabakbeutel · 10,5 x 16,5 cm · Schwierigkeitsgrad ● ●

Dieses Allround-Täschchen ist vielseitig einsetzbar, zum Beispiel als Schminktäschchen, Dokumententasche, Portemonnaie oder Kramtäschchen.

Material

Angaben in Höhe x Breite

- A: geblümter Stoff in Türkis (Vorder-/Rückteil, Reißverschlussfach, Feuerzeugfach), 25 x 65 cm
- B: rot-weiß-gestreifter Stoff 20 x 24 cm (Tabakfach)
- C: Stoff in Türkis 23 x 20 cm (Futter)
- D: roter Stoff mit weißen Blumen (Futter Reißverschlussfach), 23 x 20 cm
- E: mitteldickes, aufbügelbares Volumenvlies, 23 x 20 cm
- 1 Öse, ø 5 mm
- Gummikordel in Grün, ø 2 mm; 60 cm
- 1 Reißverschluss in Rot, 18 cm
- Nähgarn in Türkis und Rot

So wird's gemacht

Die Stoffe A/c und B/b jeweils quer zur Hälfte falten (auf 10,5 x 18 cm bzw. 9,8 x 18 cm), bügeln und die Bruchkante knappkantig absteppen. Stoff A/c mit der Unterkante bündig auf Stoff B legen, die Mitte der Breite markieren und die Fächernaht von unten nach oben aufnähen. Im Bereich des Stoffübergangs 3-fach nähen.

Stoff C/a auf Vlies E legen und die Fächer mit der Unterkante bündig darauf positionieren. Die Lagen an Seiten- und Unterkante knappkantig zusammennähen.

Für das Reißverschlussfach den Reißverschluss rechts auf rechts (die Unterseite des Reißverschlusses liegt also oben, der Zipper soll sich links befinden) bündig an der Oberkante von Stoff A/b feststecken. Stoff D/b rechts auf rechts bündig auf Außenstoff und Reißverschluss stecken.

Die Stofflagen und den Reißverschluss mit dem Reißverschlussnähfuß festnähen. Die Kante unterhalb des Reißverschlusses knappkantig absteppen.

Die Stoffe auseinanderklappen und den unteren Teil von Stoff A/c mit der freien Seite des Reißverschlusses zusammenstecken. Der Stoff liegt bündig rechts auf rechts auf dem bereits festgenähten Stoffteil. Die Unterkante von Stoff D rechts auf rechts auf den bereits festgenähten Teil legen und mit Außenstoff und Reißverschluss zusammenstecken. Den Reißverschluss festnähen. Den Reißverschluss ganz öffnen, die Teile auf rechts wenden, straff ziehen und die Kante oberhalb des Reißverschlusses absteppen. Die Tasche nun so glatt bügeln, dass der Reißverschluss ca. 2 cm unter der Oberkante liegt.

Zuschneiden

Maße inkl. 0,5 cm Nahtzugabe.

- A: 1 Rechteck a von 22 x 18 cm, 1 Rechteck b von 21 x 18 cm,
  1 Rechteck c von 19,6 x 18 cm
- B: 1 Rechteck b von 21 x 18 cm
- C: 1 Rechteck a von 22 x 18 cm
- D: 1 Rechteck b von 21 x 18 cm
- E: 1 Rechteck a von 22 x 18 cm

Das Reißverschlussfach mit der Unterkante bündig auf den Stoff C mit E legen. Der Reißverschluss zeigt zur Mitte der Tasche. Das Reißverschlussfach ringsum knappkantig festnähen.

Stoff A/a rechts auf rechts auf das Innenleben des Tabakbeutels legen. Dabei darauf achten, dass der Teil des Außenstoffs, der später die Vorderseite des Beutels bilden soll, oben liegt! Das Motiv muss auf dem Kopf stehen, damit es nach dem Wenden richtig herum liegt.

Die Tasche ringsum zusammennähen, dabei an der Unterkante eine Wendeöffnung von ca. 10 cm frei lassen. Die Nahtzugabe an den Ecken schräg beschneiden und auf rechts wenden. Die Ecken vorsichtig herausarbeiten und den Beutel bügeln. Die Nahtzugabe der Wendeöffnung nach innen stülpen und die Öffnung mit Stecknadeln feststecken. Abschließend den Tabakbeutel ringsum knappkantig absteppen, dadurch wird auch die Wendeöffnung verschlossen.

Die Mitte des Vorderteils markieren und ca. 1 cm unterhalb der Oberkante das Loch für die Öse einschlagen. Dabei unbedingt darauf achten, dass keine anderen Stoffschichten beschädigt werden! Die Öse laut Herstellerangaben anbringen. Das Täschchen füllen, die Gummikordel durch die Öse führen, die notwendige Länge bestimmen und verknoten. Die Kordel von innen durch die Öse nach außen führen.

Immer mit dabei

Tablet-Hülle · 25 x 20,5 cm · Schwierigkeitsgrad ● ● ●

Umwerfend praktisch! Bei dieser Tablet-Hülle ist das Display frei bedienbar, und die beiden zusätzlichen Fächer bieten Platz für Notizen, Kopfhörer oder Sonstiges.

Material

Angaben in Höhe x Breite
- A: Stoff mit bunten Punkten (Vorder-/und Rückteil, Innenfach), 29 x 65 cm
- B: Stoff mit Vogelmotiv (Verschlussgurt, Innenfach, Ecken), 36 x 35 cm
- C: grüner Stoff mit weißen Punkten (Futter), 29 x 45 cm
- D: mitteldickes, aufbügelbares Volumenvlies, 29 x 45 cm
- Schrägband in Rosa mit weißen Punkten, 18 mm breit, 27 cm
- 1 Steckschnalle in Grün, 30 mm
- Nähgarn in Weiß und Rosa

Zuschneiden

Maße inkl. 0,5 cm Nahtzugabe.
- A: 1 Rechteck c von 26,5 x 43 cm, 1 Rechteck d von 26,5 x 36 cm
- B: 2 Quadrate a von 6,5 x 6,5 cm, 2 Quadrate b von 7 x 7 cm, 2 Streifen f von 18 x 6,4 cm, 1 Rechteck e von 33 x 18 cm
- C: 1 Rechteck c von 26,5 x 43 cm
- D: 1 Rechteck c von 26,5 x 43 cm

So wird's gemacht

Für die dreieckigen Ecken (durch die das Tablet gehalten wird) die Quadrate B/a diagonal links auf links falten und bügeln. Die beiden Ecken B/b rechts auf rechts legen und jeweils eine seitliche Außenkante knappkantig abnähen, auf rechts wenden und bügeln.

Für die Innenfächer das Rechteck B/e links auf links quer zur Hälfte (auf 16,5 x 18 cm) falten und bügeln. Rechteck A/d links auf links quer zur Hälfte (auf 26,5 x 18 cm) falten und bügeln. Teil B/e auf Teil A/d legen und an der Unterkante knappkantig zusammennähen. Die 26,5 cm lange Bruchkante mit dem Schrägband einfassen.

Für das Futter Teil C mit der linken Seite auf die Klebeseite von Vlies D bügeln. Die Innenfächer auf der rechten Stoffseite von Teil C an der linken (26,5 cm langen) Seitenkante ausrichten, feststecken und an Ober- und Unterkante festnähen.

Die Ecken auf der rechten Stoffseite und auf der rechten Hälfte des Futters aufnähen, dafür die Dreiecke aus B/a auf der rechten Ober- und Seitenkante sowie der rechten Unter- und Seitenkante knappkantig aufsteppen. Die Dreiecke aus B/b an Ober- und Unterkante so platzieren, dass die abgenähten Ecken nach links zeigen. Die offenen Stoffkanten liegen jeweils auf der Unter- bzw. Oberkante. Die Nahtkanten der Dreiecke aus B7b sollen jeweils einen Abstand von 21,5 cm zur

Hinweis

Die Hülle passt für Geräte mit den Maximalmaßen
24,1 x 18,5 x 9,5 cm. Für alle anderen Geräte gilt folgendes
Berechnungsmodell:

- Höhe + Tiefe + 1 cm Nahtzugabe = Höhe
- 2-mal Breite + 1-mal Tiefe + 1 cm Nahtzugabe + 1 cm
  Fächerzugabe = Breite
- Die Position der Einsteckecken muss entsprechend der Breite
  des Gerätes angepasst werden.

rechten Seitenkante haben. Die Ecken feststecken und an den Seiten- sowie Ober- und Unterkante knappkantig aufsteppen. Die freiliegenden Kanten 3-fach nähen.

Für den Verschlussgurt die Streifen B/f jeweils rechts auf rechts längs zur Hälfte (auf 3,2 cm Breite) falten und ringsum bis auf eine kurze Kante aufeinanderstep-pen, auf rechts wenden und die Ecken vorsichtig herausarbeiten. Bügeln und ringsum knappkantig absteppen.

Rechteck A/c mit der rechten Seite nach oben hinlegen. Die beiden Riegel mit einem Abstand von 4,5 cm von der linken Seitenkante an Ober- und Unterkante knappkantig aufsteppen. Anschließend Rechteck A/c rechts auf rechts auf das Futter legen. Die Gurte befinden sich nun auf der rechten Seite. Die Lagen bün-dig aufeinander feststecken und ringsum bis auf eine Wendeöffnung von ca. 10 cm an der rechten Seitenkante, zusammennähen.

Die Nahtzugaben an den Ecken schräg beschneiden, die Hülle auf rechts wen-den und die Ecken vorsichtig herausarbeiten, bügeln. Die Nahtzugaben der Wendeöffnung nach innen stülpen und die Öffnung mit Stecknadeln verschlie-ßen. Die Hülle mit einem Abstand von 0,2 cm von den Kanten ringsum abstep-pen, dadurch wird auch die Wendeöffnung verschlossen.

Das obere Gurtteil durch den oberen Teil des Steckverschlusses führen (von hin-ten nach vorne und wieder nach hinten). Das untere Gurtteil von vorne durch den unteren Teil des Steckverschlusses führen, auf der Rückseite ca. 3 cm ein-schlagen und festnähen.

Grundbegriffe des Nähens

Fadenspannung

Die Fadenspannung der Nähmaschine muss je nach Stoffart reguliert werden. Andernfalls können Schlaufen in Unter- oder Oberfaden entstehen. Deshalb am besten immer zuerst ein Probestück nähen.

Geradstich

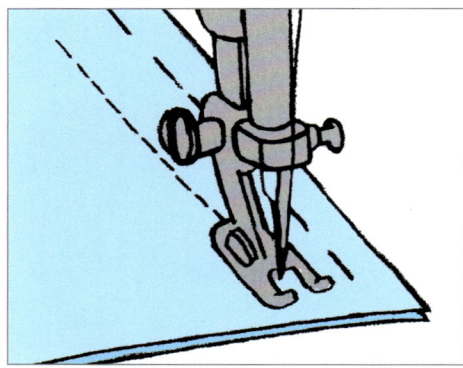

Der Geradstich ist der grundlegende Nutzstich beim Nähmaschinennähen. Das Nähen mit dem Geradstich heißt auch „Steppen". Die Stichlänge ist variabel einstellbar. Je länger der Stich, desto lockerer fällt die Naht aus.

Heften und Stecken

Stoffteile vor dem Nähen stets mit Nadeln fixieren bzw. von Hand heften. Auf diese Weise wird verhindert, dass die Stoffteile beim Nähen verrutschen oder ungewollte Falten werfen.

Fadenlauf

Jedes Gewebe besteht aus Kettfäden (längs) und Schussfäden (quer). Der Fadenlauf entspricht der Richtung der Kettfäden und verläuft parallel zur Gewebekante. Der Zuschnitt sollte immer am Fadenlauf ausgerichtet sein, damit sich das genähte Teil nicht verzieht.

Nahtzugabe

Damit der Stoff nicht reißt, wird beim Zusammennähen (= Nählinie) ein Abstand zur Schnittkante eingehalten. Dieser Abstand ist die Nahtzugabe. Bei den hier gezeigten Modellen beträgt diese in der Regel 0,4 bis 0,7 cm. Die Breite der Nahtzugabe wird bei den Anleitungen unter „Zuschneiden" entsprechend aufgeführt.

Rechte und linke Stoffseite

Jeder Stoff hat eine rechte und eine linke Stoffseite. Die rechte Seite entspricht der Schauseite, also der Außenseite des Stoffes. Bei Druckstoffen ist diese recht einfach zu erkennen, da hier das Muster deutlicher ist. Wenn es also heißt „die Stoffteile rechts auf rechts legen", zeigen die rechten Schauseiten nach innen und die linken Seiten nach außen. Heißt es hingegen „links auf links", zeigen die rechten Seiten nach außen und die linken Seiten nach innen.

Stoffbruch

Bei einer gefalteten Stofflage entsteht eine Faltkante, die als Stoffbruch oder Bruchkante bezeichnet wird. In einer Vorlage bezeichnet der Stoffbruch in der Regel die Mitte eines Zuschnitts. Der Stoffbruch ist bei den Vorlagen dieses Buches als Punkt-Strich-Linie dargestellt. Diese Kante wird beim Zuschneiden ohne Nahtzugabe genau auf die gefaltete Stoffkante gelegt.

Zickzackstich

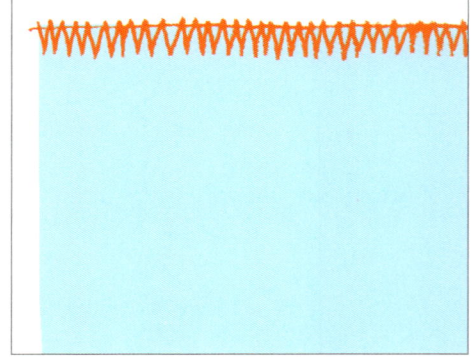

Der Zickzackstich wird zum Versäubern der Schnittkanten verwendet. Stichbreite und Stichlänge lassen sich verändern. Mit einem ganz engen Zickzackstich können Stoffstücke auch ohne Einschlag aufgenäht werden, ohne dass die Stoffkanten später ausfransen.

Material und Werkzeug

Einige Grundmaterialien werden als vorhanden vorausgesetzt und sind in den Anleitungen nicht gesondert aufgeführt: Nähmaschine, passendes Nähgarn, Nähnadeln, Stecknadeln, kleine Stickschere, Schnittmusterpapier, Stift, Schneiderkreide, Stoffschere, Cutter, Nahttrenner, Maßband, Bügeleisen, Schneidematte, Patchworklineal und Rollschneider.

Grundkurs Nähen

Verstürzte Naht: gerade Kanten

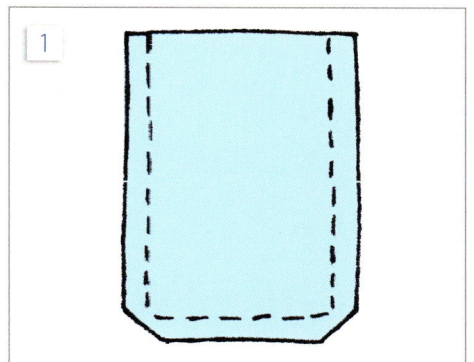

Die rechten Stoffseiten liegen zunächst aufeinander, die Schnittkanten schließen bündig ab. Anschließend werden die Teile bis auf eine Wendeöffnung zusammengenäht und das Teil auf rechts gewendet, sodass die Nahtzugaben innen liegen. Die Nahtzugaben an den Ecken schräg beschneiden, dann liegen sie nach dem Wenden besser und sehen exakter aus.

Verstürzte Naht: Rundungen

Bei Rundungen die Nahtzugaben vor dem Wenden in kleinen Abständen kleine Dreiecke bis ca. 1 mm vor die Naht herausschneiden. So sieht die Rundung nach dem Wenden schön gerundet aus, da sich die Mehrweite übereinanderschieben kann.

Bodenecken abnähen

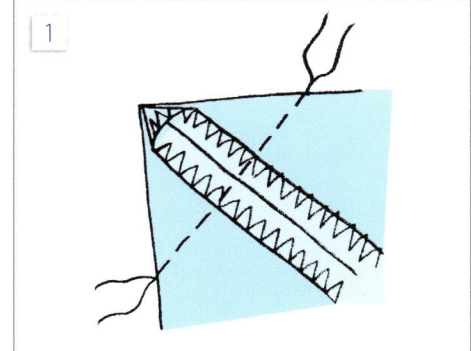

Die Seiten- und Bodennaht der jeweiligen Ecke übereinander ausrichten. Auf diese Weise entsteht ein Dreieck, bei dem die Nähte mittig liegen. Das Dreieck quer zur bestehenden Naht absteppen. In den Vorlagen ist dieser Bereich bereits ausgespart, sodass die Bodenöffnung nur noch zusammengesteppt werden muss.

Gerade Kanten mit Schrägband einfassen

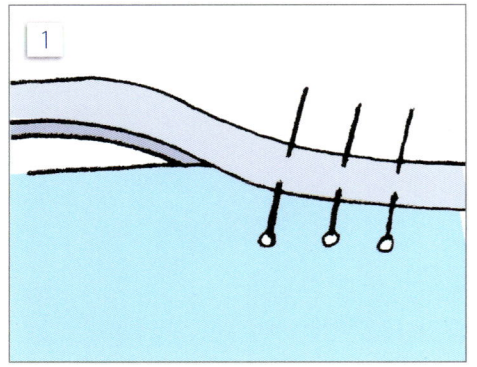

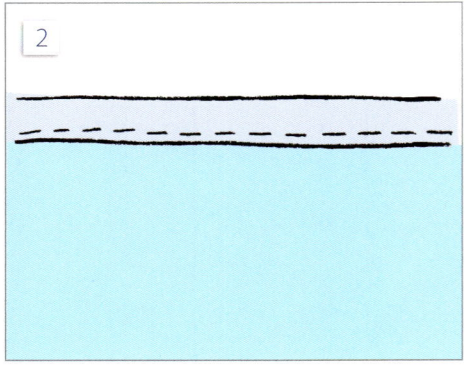

Paspelband zwischenfassen

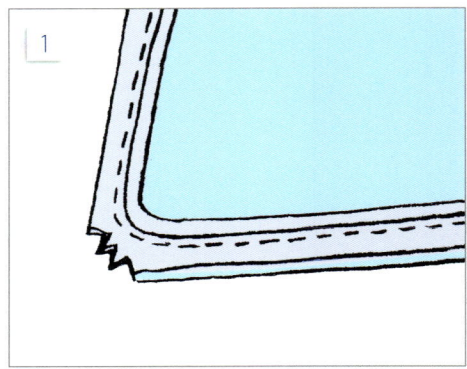

Vorgefalztes Schrägband der Länge nach links auf links zusammenklappen und einen Mittelfalz einbügeln. Die Stoffkante an den Mittelfalz des Schrägbandes schieben und zunächst mit Stecknadeln fixieren.

Das Schrägband sollte gerade laufen und auf der Stoffvorder- und -rückseite gleich breit liegen. Anschließend das Schrägband knapp entlang der inneren Bruchkante feststeppen.

Das Paspelband auf die rechte Stoffseite direkt neben die markierte Nahtlinie (blau) heften. Die wulstartige Verdickung des Paspelbandes zeigt dabei in das Innere des Nähguts. Das zweite Stoffteil rechts auf rechts bündig aufheften. Ringsum bis auf eine Wendeöffnung dicht an der Wulst zusammensteppen.

Reißverschluss einnähen

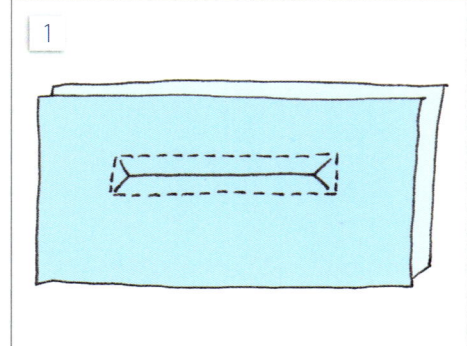

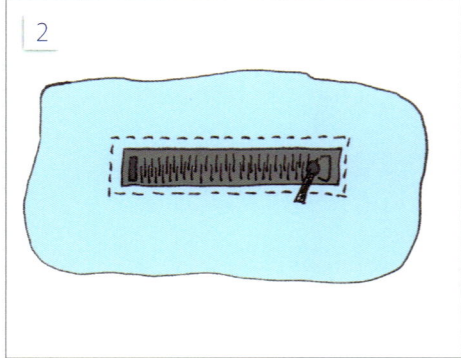

Das Nähgut auf rechts wenden. Das Paspelband liegt nun außen und „blitzt" an der Naht dekorativ hervor.

Die Stoffe rechts auf rechts legen. Ein Rechteck von 1 cm Breite und der Länge des Reißverschlusses aufzeichnen. Die Linie absteppen. Das Rechteck zwischen den Stepplinien und in die Ecken diagonal einschneiden.

Das Futter durch den Einschnitt nach innen ziehen. Kanten bügeln. Den Reißverschluss mittig auf die Rückseite unter das Rechteck legen und schmal absteppen.

Vorlagen

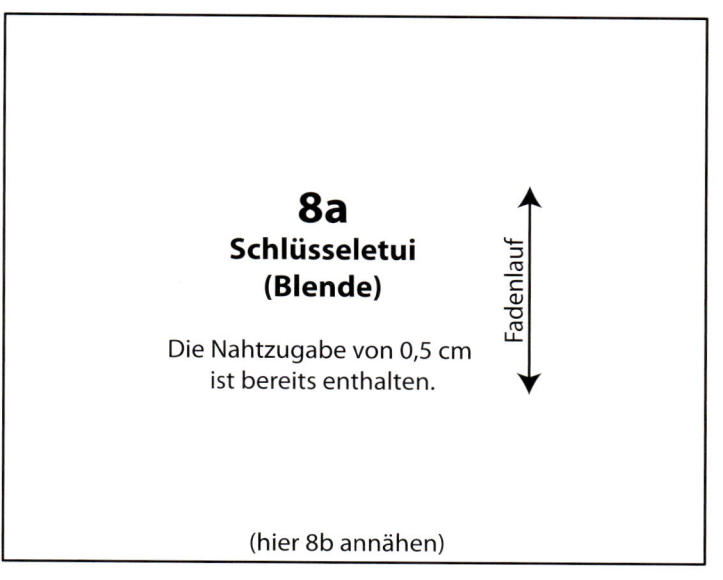

8a
Schlüsseletui
(Blende)

Die Nahtzugabe von 0,5 cm
ist bereits enthalten.

Fadenlauf

(hier 8b annähen)

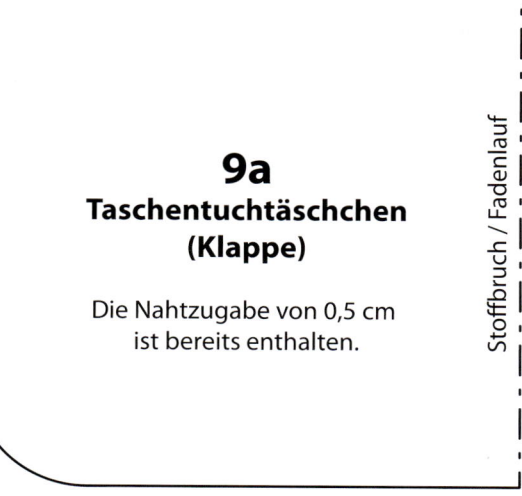

9a
Taschentuchtäschchen
(Klappe)

Die Nahtzugabe von 0,5 cm
ist bereits enthalten.

Stoffbruch / Fadenlauf

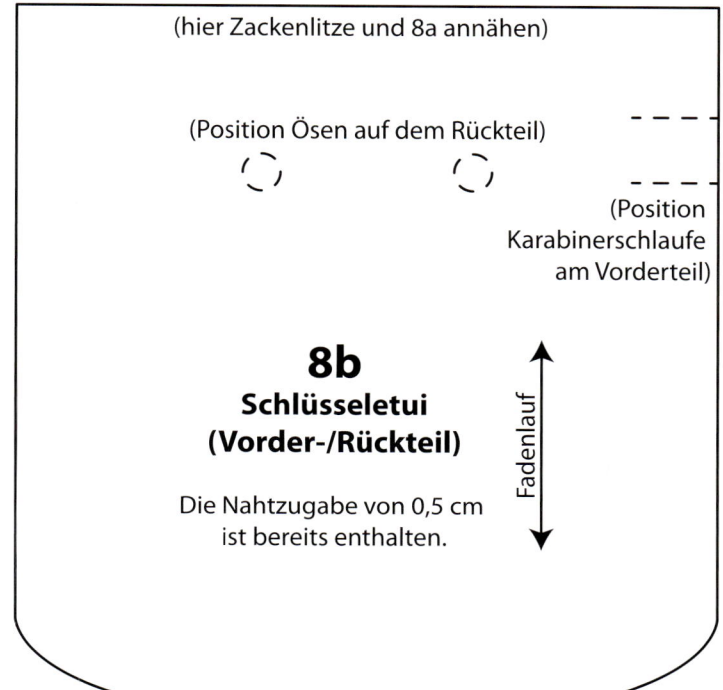

(hier Zackenlitze und 8a annähen)

(Position Ösen auf dem Rückteil)

(Position
Karabinerschlaufe
am Vorderteil)

8b
Schlüsseletui
(Vorder-/Rückteil)

Die Nahtzugabe von 0,5 cm
ist bereits enthalten.

Fadenlauf

9b
Taschentuchtäschchen
(Hauptteil)

Die Nahtzugabe von 0,5 cm
ist bereits enthalten.

Stoffbruch / Fadenlauf

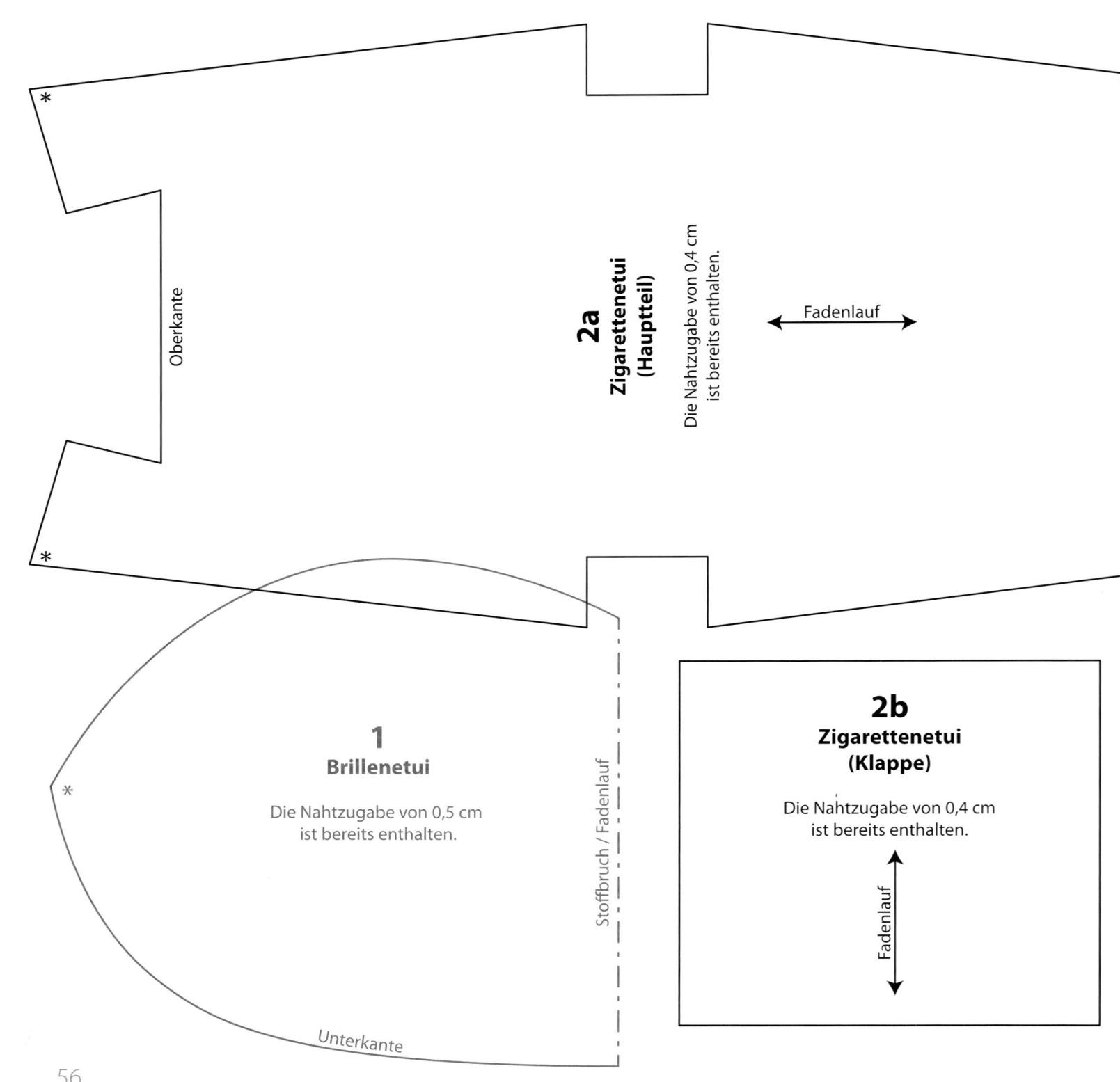

Oberkante

2a
Zigarettenetui
(Hauptteil)

Die Nahtzugabe von 0,4 cm
ist bereits enthalten.

← Fadenlauf →

1
Brillenetui

Die Nahtzugabe von 0,5 cm
ist bereits enthalten.

Stoffbruch / Fadenlauf

Unterkante

2b
Zigarettenetui
(Klappe)

Die Nahtzugabe von 0,4 cm
ist bereits enthalten.

↕ Fadenlauf

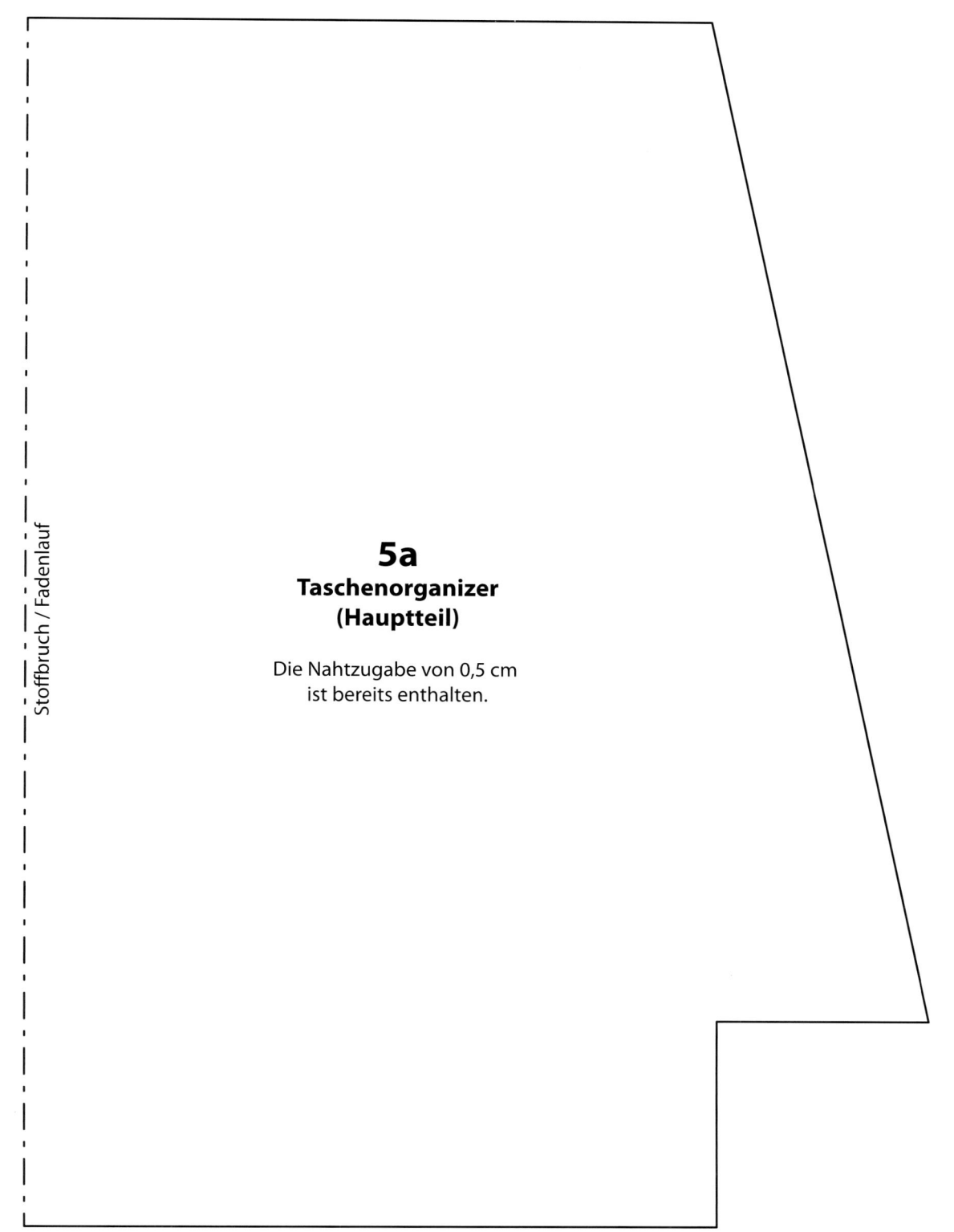

5a
Taschenorganizer
(Hauptteil)

Die Nahtzugabe von 0,5 cm
ist bereits enthalten.

Stoffbruch / Fadenlauf

Stoffbruch

← **Fadenlauf** →

4c
2in1 Handytasche und Geldbörse
(Scheinfach)

Die Nahtzugabe von 0,5 cm
ist bereits enthalten.

Stoffbruch / Fadenlauf

3b
Schminktäschchen
(Klappe)

Die Nahtzugabe von 0,5 cm
ist bereits enthalten.

(Unterkante: hier Zackenlitze annähen)

Stoffbruch / Fadenlauf

4a
2in1 Handytasche und Geldbörse
(Klappe)

Die Nahtzugabe von 0,5 cm
ist bereits enthalten.

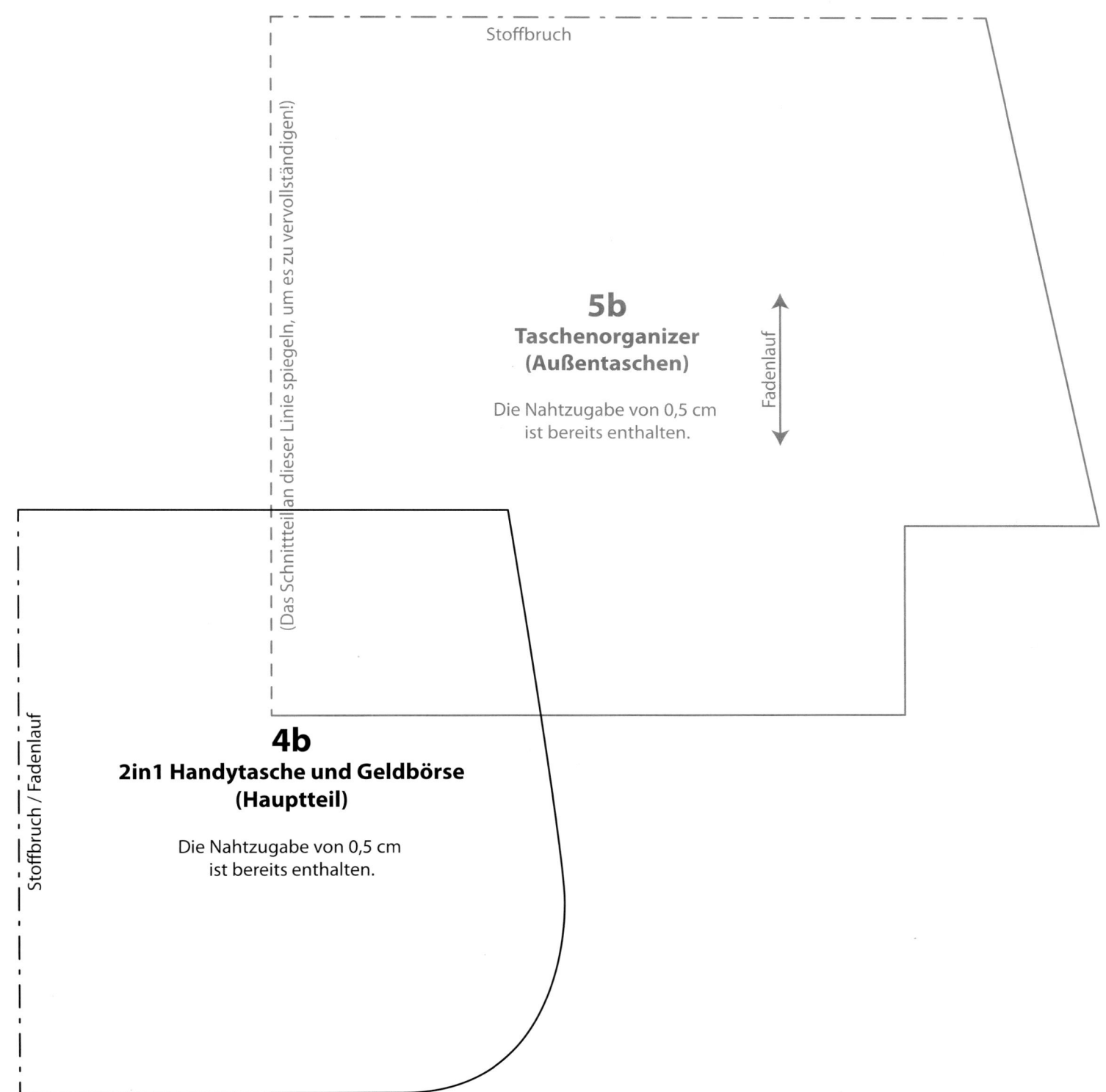

Stoffbruch

(Das Schnittteil an dieser Linie spiegeln, um es zu vervollständigen!)

5b
Taschenorganizer
(Außentaschen)

Die Nahtzugabe von 0,5 cm
ist bereits enthalten.

Fadenlauf

Stoffbruch / Fadenlauf

4b
2in1 Handytasche und Geldbörse
(Hauptteil)

Die Nahtzugabe von 0,5 cm
ist bereits enthalten.

6a
Notizblockhülle (Riegel)

Die Nahtzugabe von 0,4 cm ist bereits enthalten.

Fadenlauf

(Druckknopf)

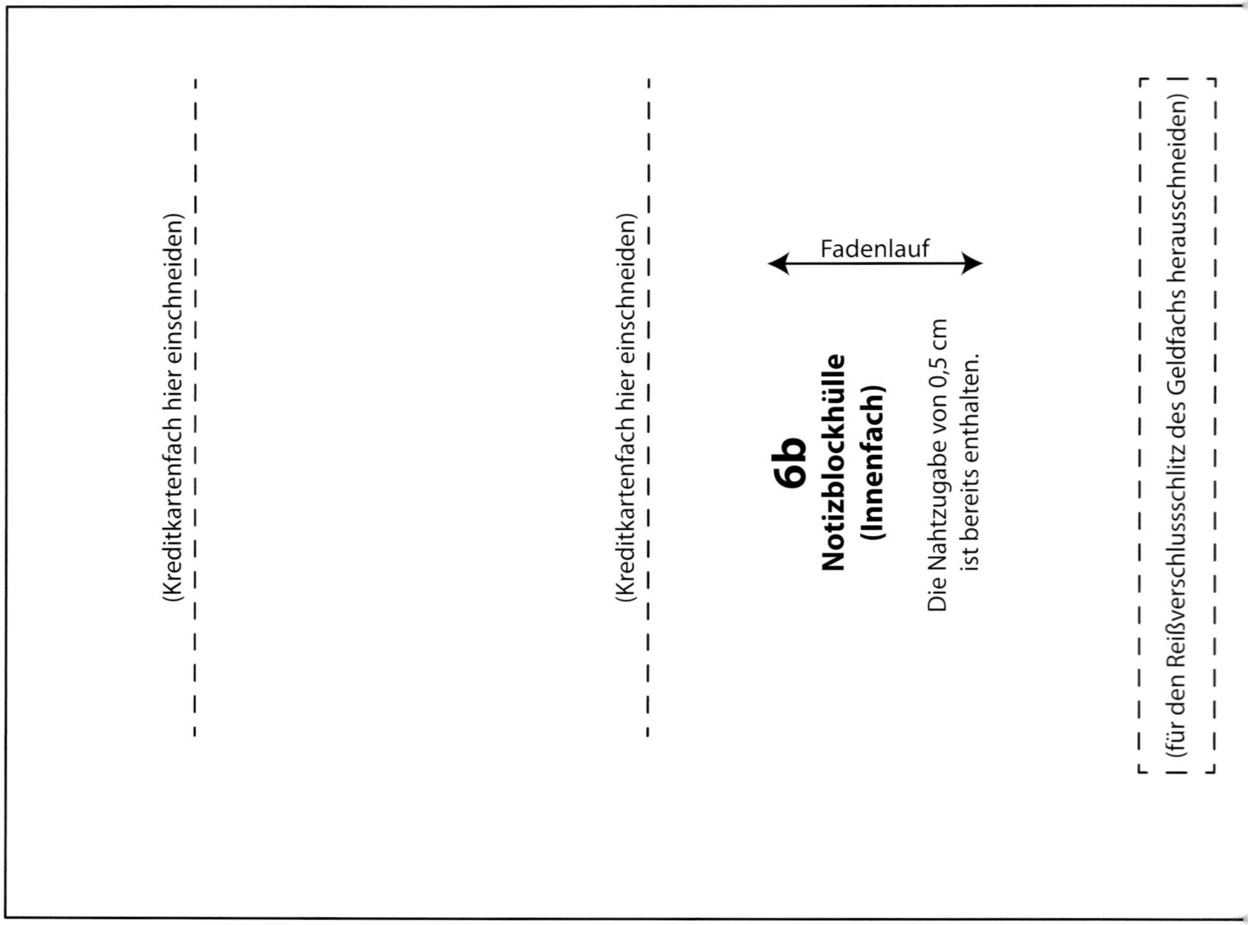

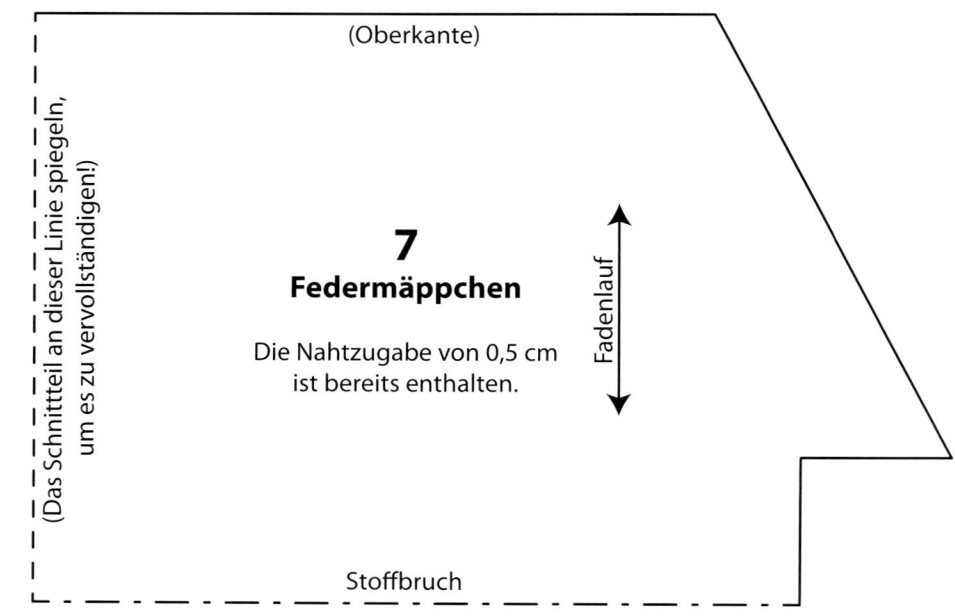

(Kreditkartenfach hier einschneiden)

(Kreditkartenfach hier einschneiden)

Fadenlauf

6b
Notizblockhülle (Innenfach)

Die Nahtzugabe von 0,5 cm ist bereits enthalten.

(für den Reißverschlussschlitz des Geldfachs herausschneiden)

(Oberkante)

(Das Schnittteil an dieser Linie spiegeln, um es zu vervollständigen!)

7
Federmäppchen

Die Nahtzugabe von 0,5 cm ist bereits enthalten.

Fadenlauf

Stoffbruch

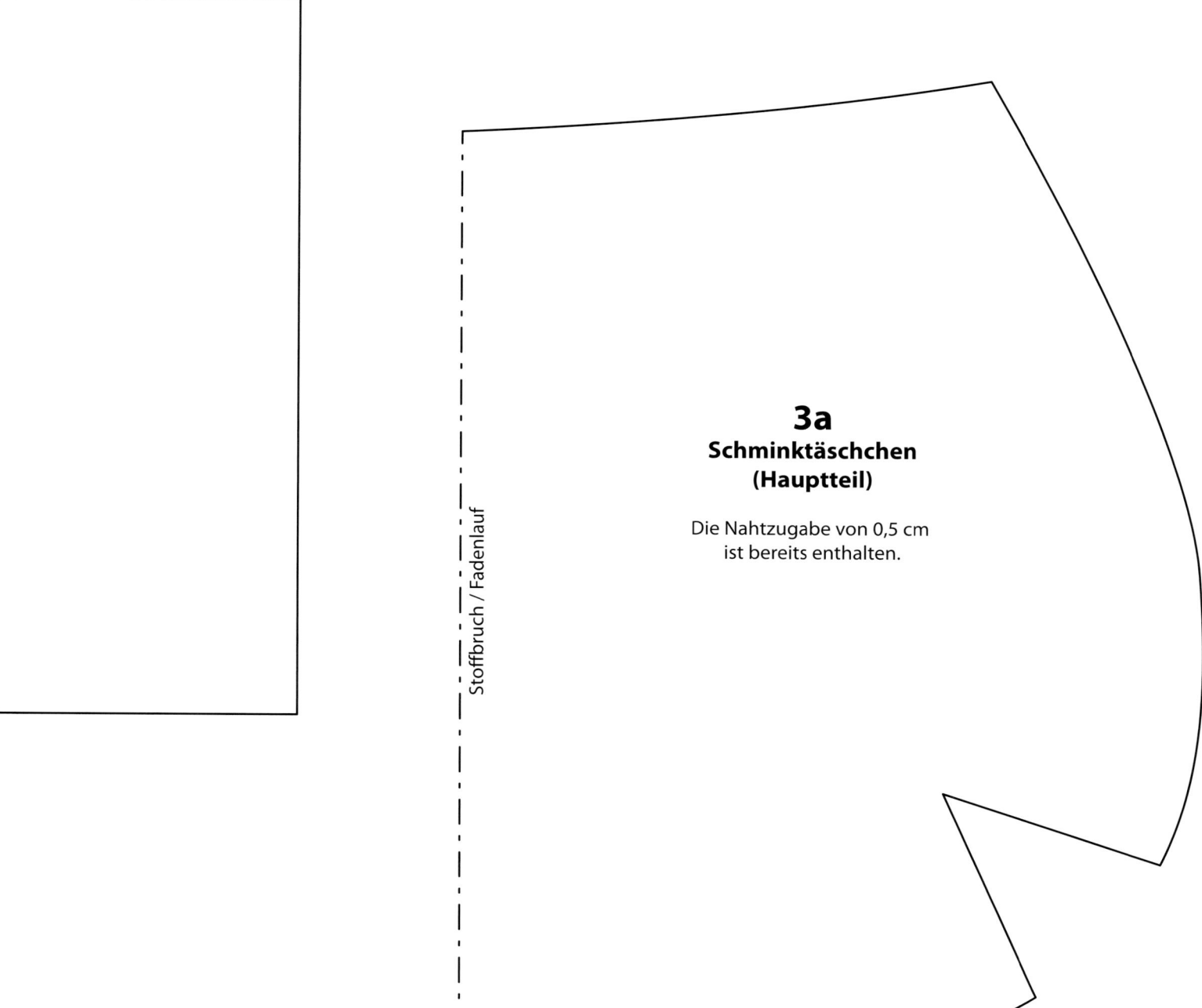

3a
Schminktäschchen
(Hauptteil)

Die Nahtzugabe von 0,5 cm
ist bereits enthalten.

Stoffbruch / Fadenlauf

Impressum

Entwürfe: Saskia Abel

Fotos: Uli Glasemann

Styling: Elke Reith

Redaktion: Angelika Klein

Lektorat und Vorlagezeichnungen:
Claudia Schmidt

Satz: Arnold & Domnick GbR, Leipzig

Umschlaggestaltung: GrafikwerkFreiburg

Reproduktion: Meyle + Müller GmbH, Pforzheim

Druck und Bindung: polygraf print, Slowakei

ISBN 978-3-8410-6271-0

Art.-Nr. OZ6271

3. Auflage 2014

Danksagung

Mein ganz besonderer Dank gilt
- Anne von www.stickandstyle.de
- Sandra von www.modes4u.com
- Eva von www.kleinerstern.de
- Ursula von www.stoffversand.de

für die Bereitstellung der schönen Stoffe. Ohne sie wäre das Buch nicht so farbenfroh geworden!

Hersteller

- Prym Consumer Europe GmbH, Stolberg
  www.prym-consumer.com
- Buttinette Textil-Versandhaus GmbH, Wertingen
  www.buttinette.de
- Stof AS, Klampenborg (Dk)
  www.stof.dk
- Kurt Frowein GmbH, Wuppertal
  www.kurt-frowein.de
- Westfalenstoffe AG, Münster
  www.westfalenstoffe.de
- Stoffe Brünink & Hemmers GmbH, Nordhorn
  www.stoffe-hemmers.de
- Gütermann GmbH, Gutach/Breisgau
  www.guetermann.com
- Fat Frog Supplies
  www.etsy.com/de/shop/fatfrogsupplies
- Clip & Clutch GmbH
  www.taschen-zubehoer.de

☎ Kreativ-Service

Sie haben Fragen zu den Büchern und Materialien? Frau Erika Noll ist für Sie da und berät Sie rund um alle Kreativthemen. Rufen Sie an! Wir interessieren uns auch für Ihre eigenen Ideen und Anregungen. Sie erreichen Frau Noll per E-Mail: **mail@kreativ-service.info** oder Tel.: **+49 (0) 5052 / 91 18 58** Montag bis Donnerstag: 9–17 Uhr / Freitag: 9–13 Uhr

Besuchen Sie uns im Internet: **www.christophorus-verlag.de**